솥뚜껑

최의용 수필집

문화앤피플

# 들어가는 말

얼마 전 봄을 재촉하는 비가 내렸다.
어느 해 보다도 큰 추위가 없이 지나간 겨울, 마음을 비워내고 나목으로 서 있던 나무들도 연두색 작은 새순들이 분주히 움직인다. 어쩌면 지난 잎사귀를 모두 떨구고 욕심을 툴툴 털어버린, 마음을 비워낸 깨끗한 나무들은 추위를 이겨내는 힘이 수월하였는지도 모른다.

## 나는 봄비가 무척이나 좋다.

토닥토닥 등 두드리는 소리처럼 강하지도 않고 약하지도 않은 봄비를 무척이나 좋아한다.
부드러운 봄비가 그친 날 따스한 햇볕이 창문 틈새로 스며들면 겨울의 자락들은 어느새 자취를 감추어버린다.
봄이 되면 생각나는 글귀가 있다. 잘못 누른 휴대폰 자막에 뜬 글귀 한 줄.
"말이 필요 없는 친구가 하나쯤 있으면 좋겠다. 바라보고만 있어도 좋은 사람은 또 얼마나 아름다운가. 누군가에게 나란 사람은 그런 존재일까?"

늘그막에 내가 나를 찾아가는 글쓰기 모임에 참석한 몇 해 전 글을 쓰고 싶은 이유를 나는 이렇게 적었다.

잔설 이고 선 매화가 꽃망울을 터뜨리고 길가에 노란 개나리가 줄을 서며 벚꽃들이 하나둘 피기 시작하면 가슴속 한구석 어디에선가 스멀스멀 피어오르는 무언가를 향한 그리움들…어쩌다 바람 불고 비라도 내리면 가슴이 울컥해진다. 봄이다.

짙은 녹음이 우거지고 찌는 더위에 온몸을 내 던지고 아스팔트 위에서 살을 태우다 회색 담벼락 작은 응달 그림자에 잠시 이마의 땀방울을 식힐 때 불어오는 한 줄기 바람의 시원함. 여름이다.

넓은 들판 누런 곡식들이 주렁주렁 열매를 맺고 석류의 붉은 포만이 가슴을 열며 붉은 사과들이 빛을 발하고 까치밥 몇 개의 감, 홍시 찌그러진 모습에 잊고 있던 어머님의 다듬이 소리가 들려온다. 가을이다.

허허한 벌판을 가로질러 기러기 떼 북쪽 하늘을 날고 앞산 멀리 뿌옇게 묻어오는 겨울의 하얀 손님들을 청마루에서 맞이하고 매몰차게 불어대던 한겨울의 시린 바람에 귀가 시려진다. 겨울이다.

그 모든 일상이 내가 글을 쓰고 싶은 이유입니다.

## 나 자신의 인생 사계에 충실하고픈 마음.

살아온 시간보다 살아갈 시간들이 짧아지는 것도 글을 쓰며 산다는 것이 얼마나 생을 충실하게 해주며, 행복하게 만들며, 좋은 글을 읽으며 동거 하고픈 마음에 글을 쓰고 싶습니다. 각고의 노력과 처절한 나 자신과의 싸움에 승리하고 싶습니다. 그 후 젊은 글쓰기 도반들과 매주 수요일이면 정해진 책을 읽으며 쓰고 있다. 나이가 들면 철이 든다고 사람들은 쉽게 말한다.

'솔개'는 나이가 들면 삶을 연장하기 위해 깊은 산속으로 날아가 낡은 부리와 발톱을 스스로 깨어내고 새롭게 재생시킨다고 한다. 그렇게 고통스러운 재생의 과정을 거쳐 다시 날아오르고 생의 봄을 되살려 30여 년을 더 살아간다고 한다. 하물며 인간으로 삶을 살아간다는 것은 '나를 찾아가는 글쓰기'를 결코 소홀히 할 수가 없는 이유이기도 하다.

어떻게 철이 들어야 하는가? 무조건 읽고 쓰면서 상책의 방법을 찾으려 한다. 지나온 삶의 시간들에서 나를 찾아내고 살아갈 시간들에서 나를 찾아가려는 노력이 글쓰기라는 사다리를 타는 것이 즐거움으로 다가온 행복은 틀림없는 듯하다. 행복이라고 해서 마냥 마음이 즐겁거나 기쁜 상태를 말하는 것은 아닐 것이다. 어쩌면 새벽부터 타자와 함께 살아가는 현실의 고통도 결국은 나 자신의 글쓰기를 채근하는 것이 아닐까?

> 자연의 숨소리에 귀 기울였던 제인 구달이 말에 대하여 "말은 경험을 풍부하게 할 수 있다. 그러나 또한 많은 것을 빼앗아 가 버리기도 한다. 말은 합리적인 자아의 일부분일 뿐. 잠시 동안 그것을 포기하면 직관적인 자아가 좀 더 자유롭게 되는 것이다." 이는 언어의 한계를 뜻한다. 온몸으로 다가오는 우주 신비를 말로 표현하는 순간, 의미는 축소되거나 왜곡되고 만다. 하물며 문자는 더 말할 나위도 없다. 월터 J 옹은 글에 대하여 "우리가 듣는 것 속에, 즉 소리에 잠길 수는 있으나, 시각 속에는 잠길 수 없다. 이렇듯 시각은 토막 내는 감각임에 반해서 소리는 통합하는 감각이다"라고 썼다.

이렇듯 시각적인 글이 청각적인 말과 비교해 표현이 부족하다고 말한다. 그런데도 내가 글쓰기를 선택한 일은 말주변의 부족과 무심하게 흘러가는 세월의 풍경들을 붙잡고 싶은 심정에서였다. 투박하고 부족한 글이래도 써야 우직하게 걸어갈 힘이 생겨날 것만 같다.
다시금 읽고 쓰는 출발선에서 긴장감에 온몸을 부르르 떤다.

2025년 여름에 **최의용**

# 차례

들어가는 말 · 04

## 1 매화와 팔불출

풋풋한 사랑 환대의 기억들 · 12
길 만들기와 글쓰기 · 22
첫 무늬 고향 가은 · 28
지킴-이 · 39
군기가 빠져있네 · 45
별거 아닙니다 · 52
국화차 한잔 · 56
그 다음이 문제야 · 62
두 팔 베고 흐르는 영강은 그리움이다 · 67
금계국 · 75
누님의 등 새터 고개 · 79
돼지 껍데기 · 85
매화와 팔불출 · 95
솥뚜껑 · 97
봄은 소생이다 · 103
어머 울려고 그래 · 108
투명인간 · 112

## 2 죄 짓고는 못 산다

머위 · 120
버려지는 것 · 125
실버 카 진입로 · 131
요즈음 공짜가 없어요 · 138
뒤집어 놓고 싶다 · 145
욕심이 배 밖에 나왔네 · 152
조선 감자 · 159
죄 짓고는 못 산다 · 163
처리하는 요령 · 168
황당한 민원 · 174

## 3 좋은 글들

나에게 공부란 · 182
좋은 글들 · 193
붉은 낙엽을 읽고 · 196
경애하는 마음으로 · 203
글로벌 북극 · 208
카타리나 블룸의 '잃어버린 명예' · 213
'땅 끝에서'를 읽고 · 219
'사람이 무기다'를 읽고 · 226
니체 더듬이 · 234

# 1부
매화와 팔불출

풋풋한 사랑 환대의 기억들
길 만들기와 글쓰기
첫 무늬 고향 가은
지킴-이
군기가 빠져있네
별거 아닙니다
국화차 한잔
그 다음이 문제야
두 팔 베고 흐르는 영강은 그리움이다
금계국
누님의 등 새터 고개
돼지 껍데기
매화와 팔불출
솥뚜껑
봄은 소생이다
어 머 울려고 그래
투명인간

# 풋풋한 사랑 환대의 기억들

디지털 시대를 살아가는 우리는 과학문명의 혜택으로 받은 무한한 편리함과 수많은 이익에 취하여 상실된 인간 본연의 모습들과 행태들이 우리를 좌절하게 만들고 가슴을 아프게 하는 일이 얼마나 많은가? 자고 일어나면 마음을 온통 짓누르던 회색빛 사건들이 미디어를 얼마나 달구었던가? 기억도 생생한 아직도 건져내지 못한 세월호의 아픔, 22년 만에 나타난 가습기 살균제, 강남역 묻지 마, 대한항공 갑질 사건, 스크린 도어 사건, 유명화가 대작 사건, 미세먼지 주범, 섬마을 단체 교사 성폭행 등 일어나지 말아야 하는 사건들이 너무도 쉽게 발생하는 사실에 전율을 느끼면서 한편으로 포스트잇이 자리가 비좁을 정도로 넘쳐나고 서로 공존하고 동고하는 마음에 조금씩 마음의 생채기를 지우기도 하였다.

그러나 인간의 생명력보다 질긴 미증유의 코로나가 물밀듯이 스며들어 인간을 괴롭히고 지구상의 가장 큰 재앙인 전쟁이 어두운 장막 속에서 뛰어나와 햇살을 덮어 버려 절망의 늪에서 빠져나올 수가 없다. 하지만, 현대 과학 문명이 발달하여 우주선이 은하계를 찾아가고 인공지능이 소설을 쓰는 시대라도 아직은 바람에 흔들리는 꽃잎이 떨어져 내려앉아 우는 자리나 가슴 뜨거운 사랑의 손길이 가는 마음의 방향은 알지 못하는 것 아닌가? 혼탁한 시절, 가끔은 정성을 다해 풋풋한 사랑의 기술을 전수해주던 환대의 기억들이 솟아오른다. 무한사랑 무한 환대의 어머니를 이어서, 스승의 따스한 손길들이 눈에 어른거린다.

예로부터 스승은 그림자도 밟지 않는다는 말이 있다. 그만큼 존경과 공경의 대상이었다. 더욱이나 감성 능력이 제자리를 찾기 전이나 유년의 성장기에 받은 스승의 가르침은 그만큼 오랫동안 살아오면서 가슴에 남아 있다.

수십 년 전 초등학교 시절이었다. 고향인 경상북도 문경은 산골 벽지 지역이어서 겨울이 되면 무척이나 추웠다. 아침나절에는 문을 열고 방으로 들어가려면 문고리가 **쫙쫙** 손에 달라붙기가 일쑤였다. 처마 밑에는 고드름이 주렁주렁 거꾸로 매달리는 모습을 보며 손을 호호 불며 추위를 이겨내곤 했다. 읍내에 있는 학교에 가려면 한 시간 이상을 걸어야 했다.

 날씨가 추웠던 만큼이나 어린 시절의 마음은 항상 여리고 추웠다. 지금 돌아보면 그 당시 학교에서 배웠던 가르침이 별 생각나지 않는 게 이상하다.

 6학년 때의 일이다. 상급학교인 중학교에 입학하기 위해서는 시험 전형을 치러야 했다. 예나 지금이나 학생을 가르치는 선생님들의 마음은 매한가지인 모양이었다. 자기의 제자들이 상급학교에 많이 진학하는 숫자로 인하여 가르침의 보람을 얻고 스스로 위안도 삼은 듯하다. 그러다 보니 시골 벽지인 나의 초등학교도 그런대로 성적이 괜찮은 친구들을 추려서 보충수업을 시켜 많은 인원을 상급학교에 진학시키려고 하였다. 나도 그 행운의 대열 속에 참가하는 기회를 가질 수 있었다.

 학교에서 정상수업을 하고 난 후 읍내에 있는 선생님의 거주지에서 특별수업을 매일 몇 시간씩 공부를 시작했다. 함께 배우던 친구들은 집이 읍내에 있어 아무런 문제가 없었지만 나는 읍내에서 너무 멀리 떨어져 있어 문제가 생겼다. 겨울은 낮의 시간이 짧은 탓에 어둠은 일찍 찾아오다

보니 수업을 마치면 한밤중이었다. 처음 며칠은 어머니께서 읍내에 기다리다가 수업을 마치면 함께 집으로 돌아가곤 했다. 당시의 선생님은 결혼하고 얼마 되지 않은 터라 어린 자녀와 부인을 대동하고 두 칸의 방을 임대하여 교직에 부임하고 계셨다. 그 방 한 칸을 공부방으로 만들어 학생들을 가르친 것이다. 물론 어떠한 보수나 대가는 바라지 않고 제자들이 더욱더 지식을 많이 가지게 하려는 진심 어린 스승의 마음이었다.

어느 날 공부를 시작하기 전 한쪽 돌 담벼락 옆에서 어머니와 사모님이 무슨 얘기인지 나누고 있었다. 사실 그 시절에는 선생님보다 사모님이 나에게는 더 어려웠다. 그런 사모님과 어머님이 무슨 얘기를 나누었을까? 궁금증이 가슴속에서 일어났다. 그날 저녁, 집으로 돌아오는 길에 어머님이 말했다. "얘야 내일부터는 선생님 댁에서 공부가 끝나고 자도록 해라. 선생님 사모님과 그렇게 상의했으니 그 따스한 마음을 잊지 말고 더욱 열심히 공부하도록 해라." 아침은 내가 집에서 학교로 가져가기로 했다.

"조금 일찍 갈 테니 교실에서 먹도록 해라. 번거롭지만 시험까지만 고생하도록 하자꾸나." 그렇게 시작된 방과 후 선생님 집에서의 생활은 시험 일자까지 몇 개월을 보내게 되었다.

두 개의 방중 한 개는 보충수업을 마치면 나의 숙소로 변했다. 그 방에는 주위에 아무런 짐이나 가구도 없었다. 사모님은 매일 방 걸레질하고 이불을 깔아주었다. 또한 이른 아침이면 어김없이 나를 깨워주었다. 눈을 비비며 일어나 방문을 열면 노란 색깔의 양동이 하나와 은색의 세숫대야가 나를 기다리고 있었다. 양동이 위에는 나무로 만든 덮개가 놓여있어 그 덮개를 밀치면 실안개처럼 피어오르는 따뜻한 물이 나를 반기곤 했다.
　"빨리 씻고 학교 가시기 바랍니다. 어머니 기다리게 하지 말고요" 사모님은 언제나 똑같은 말을 나에게 했다. 나이 차이가 크게 났지만 한 번도 존칭을 생략하는 모습을 보지 못하였다. 그 모습을 매일 바라본 나는 쉽게 사모님과 눈을 마주치지 못했다.
　어머니는 아침이면 항상 밥과 국을 식지 않도록 몇 개의 보자기로 감싸서 가져오셨다. 정상적인 등교 시간 전 교실에서 내가 밥 먹는 모습을 바라보며 말씀하셨다.
　"지금은 고생이지만 네가 크면 좋은 추억이 될 거야. 선생님의 은혜를 꼭 기억해야 해." 몇 개월 동안의 보충수업의 결과는 나에게 그렇게 좋은 결과로 나타나지 않았다. 주위의 많은 기대에 부응하지 못한 죄스러움과 스스로 자책의 시간을 가져야 하는 아픔의 시간을 만들기도 했다. 그러나 지금 돌이켜보면 그 당시 인생은 성적순이 아니라는 사실을 깨우치지 못한 사실이 나를 더욱 아프게 한다.

　스승의 가르침에 진정 고마움과 은혜를 자주 찾아뵙고 내가 살아가는 모습을 보이지 못한 일이다. 그 당시의 선생님의 학과 지식의 가르침은 살아오면서 기초적인 지식이 되어 나의 몸으로 스며들었지만 쉽게 떠올려지거나 자주 생각나는 일들이 없다. 그러나 사모님이 새하얀 손으로 방바닥을 훔쳐대던 걸레질 모습, 그 추웠던 날씨에 따스하게 세면을 하게 만들어준 양동이, 세숫대야가 겨울이면 새록새록 생각난다. 입김을 불어대며 도시락을 풀어 헤치던 어머니의 얼굴이 눈에 선하다. 어린 시절 나에게 다가온 환대의 모습들이 내 아름다운 기억에 걸려있는 사실이 너무 행복하다.

　인생의 길 중에서 가장 화려하고 생동감 넘치던 군 복무 시절이었다. 군기가 강하기로 이름난 베트남 파병부대인 맹호부대에 복무하였다. 부대의 명칭만큼 훈련은 강했다. 더욱 힘든 것은 주둔지를 떠나 야지에서 훈련하는 기간들이었다. 일인용 텐트에서 생활하며 하루 종일 고된 훈련을 마치고 나면 땀에 젖은 채로 잠들기가 대다수였다. 우리 소대장은 육군사관학교를 갓 졸업한 엘리트 육군 소위로 투철한 군인 정신과 원리 원칙을 매우 중요하게 여기는 사람이었다.

어느 날, 훈련을 마친 뒤 지친 몸으로 텐트 속에 누워 있을 때였다.

"최 상병. 잠깐 나와라" 소대장이었다.

"예, 무슨 일입니까?"

"잠깐 나랑 갈 데가 있어."

나는 피곤하던 터라 짐짓 못마땅했지만 그를 따라나섰다. 쭈뼛 쭈뼛 한참을 뒤따라가니 소대장은 갈대가 강바람에 흩날리는 어느 한 곳에서 걸음을 멈췄다.

"최 상병, 빨리 와, 여기가 좋겠군," 그는 남쪽이 훤히 내다보이는 잔디 위에 손에 들고 있던 비닐봉지를 내려놓았다. 비닐봉지 속에는 소주 한 병과 새우깡, 소주잔 한 개가 들어 있었다.

"최 상병, 오늘이 부친 제삿날이지? 여기서라도 한 잔 올려야지. 뭘 해? 어서 절하지 않고." 겨울바람이 휑하게 불어왔다. 나는 자꾸만 솟구치는 눈물을 주먹으로 닦아 냈고 그는 나의 어깨를 가만히 안아 주었다.

위암 수술을 받고 몸을 추스르던 시절 정직이 화두가 일간을 들썩이던 때였다.

 인문학 열풍이 불었다. 그즈음 일찍부터 작은 인문학 운동을 실천하는 장소를 찾게 되었다. 그곳을 운영하는 시인에게 물어보았다.

 "시를 잘 쓰려면 갖추어야 할 가장 중요한 덕목이 무엇일까요?" "시인은 저항정신이 있어야 합니다." 간단명료한 답변을 들었다. 무엇에 대한 저항정신이 있어야 할까? 지금도 가슴에는 항상 의문을 품고 산다. 그러나 한 가지만은 분명한 사실이라고 느꼈다. 가장 가까이 있는 내 마음에 저항해야 한다는 사실이다. '마음의 스승이 될지언정 마음을 스승으로 삼지 말라.'는 불법의 가르침을 새삼 떠올려보는 시간이 되었다.

 오래전에 환대의 가르침을 받은 나는 어디로 향할까? 가슴에 매질하면서 찾은 것이 시였다.

 시인 '옥타비오 파스'는 활과 리라의 책 서문에서 다음과 같이 적고 있다.

*시를 쓰기 시작하면서 나는 시를 쓴다는 것이 진정 가치가 있는 일인지 스스로에게 물었다. 삶을 소재로 시를 쓰는 것보다 삶 자체를 시로 변화시키는 것이 더 바람직한 것은*

*아닐까? 그리고 시는 시적 창조를 통해 글로 씌어 지지 않고는 스스로를 드러낼 수 없는 것일까? 시를 통한 보편적인 영적 교감은 가능할까?"*

많은 시인과도 만났다. 어설픈 글도 시라고 생각하며 끄적거렸다. 시를 떠올릴 때 우선은 시인의 감정이나 정서를 절제된 언어로 압축한 것이 아닐까 하는 생각이 들기 마련이다. 국어사전에도 시의 정의에 대하여 '자연이나 인생에 대하여 일어나는 감흥과 사상 따위를 함축적이고 운율적인 언어로 표현한 글'이라고 적고 있으니 당연히 글에서 나타나는 감성들을 찾으려 애쓸 수밖에 없었다.

시인들과의 만남이 세상을 변화시키는 혁명적인 것에는 부족하더라도 내면적 해방의 방법인 정신적인 수련에는 틀림없이 큰 도움이 되었다. 하지만 항상 가슴 한구석에는 서늘한 바람이 불고 메마른 사막 한가운데 서 있었다. 이천 년간 인간이 살아가는 불문율로 지탱하여진 대자비의 불법과 측은지심 실천의 부족이었다. 자신이 정의라고 믿는 바를 넓히지 못한 성의의 부족이다.

시인들과의 만남의 시간 내내 창밖의 따스한 봄 햇살이 가슴속으로 안겨들었다. 또한 창가 달력의 글귀가 내 눈에 자리하며 머릿속을 어지럽게 만들었다.

'누군가를 꽃으로 봐줄 때 너는 누군가의 꽃이 된다.'
'들깻잎에 초승달 싸 어머님께 드린다. 내일 밤엔 상추, 잎에 별을 싸드려야겠다.'

 오늘도 건널목을 건너간다. 파란 빨강 색깔의 엄중한 지시에 힘겹게 순종하며 살아간다.

 봄이 지나 뜨거운 여름이 시작되면 시인들의 따사로운 시심의 환대를 기억하며 하늘 깊게 잠들려는 별 몇 개라도 깨워 도란도란 이야기하며 뜨거운 밤을 식히고 싶다.

 오래전 어머님의 밥그릇, 선생님의 하얀 분필, 사모님의 거무스레한 걸레, 어느 젊은 상사가 건넨 작은 소주잔과 새우깡이 다가온다. 너는 지금 어디에 있는가?

풋풋한 환대의 기억들이 새삼 그립다.

## 길 만들기와 글쓰기

　　　　　지난겨울은 어느 해보다도 추위가 적었다. 지구도 이제 사람 나이로 치면 70세 정도가 되었다니 노년의 길을 걷고 있는 온난화 현상이 피부로 다가온다. 사람과 다른 점은 사람은 늙어지면 몸이 식어지는데 지구는 열이 나는 현상이 아이러니하다. 추위가 약해졌으나 겨울은 한 번쯤은 제 할 일을 해내는 날이 있었다.

　연말을 얼마 앞두고 마지막 추위가 맹위를 떨치는 날 나는 통영에서 한 시간 반의 뱃길을 달려야 하는 욕지도에 길 만들기에 나섰다. 길을 만든다고 해도 완전히 새로운 길을 개척하는 것이 아니라 기존의 도로를 보수 보강하는 일이다. 오래되고 부서진 부분들을 절삭하여 걷어내고 신규의 새 재료 아스콘을 타설 포설하는 공사이다. 섬에는 재료를 생산하는 시설이 없기에 육지인 통영에서 덤프트럭에 실어 뱃길을 통해 운반하여 작업을 해야 한다. 육지에서의 작업보다는 더욱 신경을 써야 하는 부분들이 많이 존재한다. 그날의 작업량은 대략 200여 톤의 분량이 소요되는 듯했다. 한 번에 배에 실어 운반하는 양을 25톤 덤프트럭 7대 분량으로 계산하면 2회 정도의 운반이 필요했다. 또한 섬에서의 작업 시간을 용이하게 하고 공사를 수월하게 진행하려면 이른 새벽에 출발해야 했다.

 아스팔트 포장 작업은 대체로 미리 계획을 하고 기상을 세밀히 관찰하여 진행한다. 비가 오거나 온도가 급격히 떨어지는 날은 대체로 피하기 마련이다. 하지만 연말에는 모든 업체가 무리해서 작업을 하는 경우가 태반이다. 공사 기간이 임박하거나 연말에 예산을 모두 소진해서 다음 해의 예산을 다시 챙겨야 하는 얄팍한 경제 이기심들의 경쟁이 너무도 눈에 훤하게 보이지만 어느 회사든지 목구멍이 포도청인 경우라고 에둘러 표현한다.

 통영시 앞 바다에는 크고 작은 섬들이 아름다운 모습으로 무수히 널려있다. 그중에서도 욕지도는 예전에는 먼바다를 지나 도착하는 섬이라 지칭할 정도로 통영에서는 가장 멀리 위치한 섬이다. 여객선은 통영 여객선 부두 또는 산양면에 있는 삼덕항구에서 출발한다. 남해안 다도해의 뱃길을 달려보면 평상시는 고요한 호수 위를 달리듯 여객선은 큰 흔들림 없이 유유히 내달리곤 했다.

 오늘은 별도의 운반 배에 덤프트럭을 싣고 달아공원 옆 마을에 있는 작은 부두에서 출발한다. 어둠이 채 가시지 않은 시간이어서인지 주위는 온통 깜깜하기만 했다. 바람이 무척이나 세게 불고 기온도 영하인 듯 추위가 엄습해온다. 마음속에서는 저절로 불만이 터진다.

 "하필이면, 오늘 같은 날 무슨 충신이라고, 부산서 이곳까지, 내가 미쳤지." 나를 태워주는 덤프트럭 기사도 꽤 불안한 듯 "이 날씨에 작업 되겠습니까? 너무 추운데요, 섬에는 더 춥겠는데요? 아스팔트가 붙어 있겠습니까?" "그럼 어쩌겠나? 그 비싼 재료 모두 버리겠나? 어떤 업체인데. 일단 가보는 거지."

 서서히 배가 움직이기 시작했다. 지난해 욕지도 일주도로를 포장하던 날들이 생각난다. 따스한 봄날로 기억된다. 여객선을 타고 미리 섬에 도착하여 배에 싣고 들어오는 아스콘 재료들을 기다리며 아름다운 섬 주변의 풍광에 매료되면서 노동인지 관광인지 구별이 잘 안되던 즐거운 기억들이 떠올랐다. 그런데 오늘은 어떤지 완전히 다른 기분이다. 출발부터가 왠지 불완전하고 불안하다. 어둑어둑한 새벽의 어두움은 바다도 온통 검은색이다. 10여분 정도를 배가 달리니 차츰 날이 밝아오기 시작했다. 그러나 하늘은 온통 검은 구름으로 꽉 차 있고 파도는 점차 거칠어지기 시작했다.

운반 배에는 선장과 도선사 한 사람 이렇게 둘이서 배를 운영하는 듯 별도의 직원들은 보이지 않았다. 작달막하면서 강한 카리스마가 느껴지는 도선사의 모습에서 조금은 편안한 마음과 믿음직한 신뢰가 느껴진다. 그러나 그의 말 한마디가 안정감을 날려버린다.

"오늘 엄청나게 세게 불고 난리네, 이런 날씨 드문데." 자꾸만 불안해진다. 배가 이리저리 마구 흔들린다. 갑판 위의 덤프트럭도 함께 움직이는 착각이 느껴질 만큼 흔들림이 심해진다. 주위 바다에는 배 한 척도 보이지 않는다. 이 시간이면 삼덕항구에서 출발한 여객선의 모습이나 육지에서 출발한 어선들의 모습도 보이기 마련인데 어쩐지 배들의 모습은 하나도 보이지 않았다.

갑자기 커다란 파도가 배 갑판으로 올라오더니 덤프트럭 앞문 유리창을 세차게 때리고 지나간다. 깜짝 놀라도록 소금기 바닷물이 세차해준다. 옆에 앉아있는 젊은 덤프트럭 기사의 얼굴이 하얗게 변한다. 이렇게 성난 바닷길을 보기는 생전 처음이다. 더욱 주위 모두의 색깔들이 쥐색인 어둠으로 공포가 엄습해오며 세월호가 자꾸만 떠오른다. 혹시

나! 혹시나! 이 작은 배에 너무 많이 실은 것 아닌가?

그 순간, 섬광이 지나가듯 박지원의 열하일기가 생각났다. 또한 어릴 적 초등학교 시절 여름 어느 날 황토색 물결에 성난 여름 시골 강변의 길이 생각났다. 강변 쪽 가장자리에서 산과 가까운 방향으로 몸을 피하여 강물을 바라보지 않고 걸어가면 어느새 무서움의 공포가 사라지던 일이 생각났다.

물을 건널 때는 사람들이 모두 머리를 우러러 하늘을 보는데, 나는 생각하기에 사람들이 머리를 들고 쳐다보는 것은 하늘에 묵도하는 것인 줄 알았더니 나중에 알고 보니, 물을 건너는 사람들이 '물이 넘실넘실 빨리 돌아 탕탕히 흐르는 것을 보면, 자기 몸은 물을 거슬러 올라가는 것 같고, 눈은 강물과 함께 따라 내려가는 것 같아서 갑자기 현기증이 나면서 물에 빠지는 것이기 때문에 그들이 머리를 젖히고 우러러보는 것은 하늘에 비는 것이 아니라, 물을 피하여 보지 않으려 함이다.

또한 어느 겨를에 잠깐의 목숨을 위하여 기도드릴 수 있으랴, 그토록 위험함이 이와 같으니,······

*옛날 우 임금이 강물을 건너는데, 황룡이 배를 등으로 떠*

*받치니 지극히 위험했으나 사생의 판단이 이미 마음속에 결정되었고 본즉, 그의 앞에는 용이거나 지렁이거나 크나 작거나가 관계될 바 없었다.* -박지원의 『열하일기』에서

 잠깐 눈을 감았다 떠보니 배 앞에 육지도가 멈춰 섰다. 힐끗 덤프트럭 기사를 쳐다보니 음악을 듣는지 귀에는 조그만 마이크가 보인다. 얼굴에 홍조를 띠고 있다.
 도선사가 중얼거리듯 한 소리 한다.
 "그놈 파도가 오늘따라 잘 밀어주더니 십여 분 일찍 도착했네. 갈 때도 밀어주려나."

 모리스 블랑쇼의 책 죽음의 선고에는 이렇게 적혀 있다.
 '*나는 자유롭게 쓸 것이다. 이 이야기는 오직 나와 관련된 것일 뿐임을 확신하므로 사실은, 단어 열 개 정도로 충분히 할 수 있는 이야기이다. 바로 이점이 그 이야기를 그토록 두렵게 만드는 것이다.*'

 길을 만드는 일도 글쓰기를 하는 일도 두렵기만 하다. 하지만 걸어가야 할 내 몫의 자유로움이다.

## 첫 무늬 고향 가은

가랑잎 하나가 툭 떨어진다. 가을이 깊어간다. 가슴 한구석에 잠겨있던 그리움들이 작약산을 기어오르는 작천 들판의 안개처럼 아련히 피어오른다.

내 고향 가은은 나의 첫 무늬이다. 남으로 세차게 내려 달리던 소백산맥이 발길을 멈추고 숨 고르기를 시작하는 문경시는 경상북도 최서북단에 위치하여 충청북도 괴산군과 도경계를 삼아 주흘산을 필두로 조령산성을 구축하고 터를 잡았다. 내가 살던 어린 시절은 문경시 가은면이었으나 1973년 가은면과 상주시 이암면 일부가 합쳐져 지금은 읍으로 승격되었다. 가은읍은 소백산 줄기를 따라 전면적의 80% 이상이 임야로 되어 있으며 양산천과 영강천을 따라 농경지를 형성하고 미곡 중심의 전형적인 농사일로 살아가는 산골 농촌 마을이다. 자연경관이 수려하여 문경의 아름다운 8경 중 3경이 (봉암사 백운대, 대야산 용추계곡, 선유동계곡) 자리 잡고 있다. 지하자원으로 무연탄이 풍부하여 한때는 국내 에너지 공급의 원동력이 되었으나 현재는 모두 폐광되고 석탄박물관을 설립하여서 한 시대의 삶을 돌아보게도 한다. 또한 운강 이강년 선생 기념관, 견훤유적지, 방짜유기촌, 신라 구산선문의 하나인 봉암사 등 잘 알려진 역사 문화관광지가 산재하고 있다.

 내가 태어나고 자란 작천리 는 풍수지리에 문외한인 내가 보아도 아늑하고 아름다운 풍광에 놀라울 뿐이다. 천혜의 고장이라는 마음은 고향이라는 덤을 과감히 덜고도 남는다. 주봉인 옥녀봉이 좌측으로 대야산을 우측에는 고산을 앞쪽으로 작약산을 앉혀놓고 왼발을 문경 천에 우측 발은 영산천의 맑은 옥수에 담그고 넓은 작천 들판의 곡식들을 심고 가꾸는 돌보는 모습은 따스한 어머니 품속 같은 아늑함을 느끼게 해준다. '가은'이라는 명칭의 뜻이 말하는 '은혜를 더욱 더하는 마음'과 통하는 듯하다. 옥녀봉 정상에는 올라 본 적이 없다. 아마도 가장 높은 곳 산 정상에 있는 커다란 바위의 모습들은 나에게 항상 어떤 목표를 향한 경외의 상징으로 자리 잡았다.

 어릴 적 다니던 초등학교는 왕능리에 위치하였다. 가은읍의 가장 중심지에 위치한다. 왕능리는 전대에 미상의 왕능이 있었다는 설화로 인하여 이름을 왕능리로 부르게 되었다고 한다.

　전통재래시장이 서고 국가기관들이 모두 이곳에 자리 잡아 서울로 치면 명동처럼 가장 번화가였다. 왕능4리에는 일본인이 개설한 탄광을 국가가 인수하여 운영한 석탄 광산인 은성광업소가 자리 잡고 있기도 하였다. 초등학교 교과서인 사회지도 부록에는 이 은성광업소 광산 무연탄 표시가 전남 화순. 강원도 태백 등과 함께 또렷이 표기된 부분을 몽당 색연필로 동그라미 치며 자랑스러워했다. 지금 생각하면 치졸하기만 한 자부심의 한 표현의 방식도 한 추억으로 기억된다. 또한 광산에는 외지의 사람들이 많았으며 석탄을 수송하기 위한 화물열차도 자주 들락거렸다. 밤낮으로 깊은 갱도의 굴속으로 들어가는 광부들은 까만 일개미들이 일렬로 줄을 서서 바쁘게 움직이는 모습과 너무나 닮아 보였다. 그들의 부지런함이 문경천 바닥을 검은 색깔로 변화시키기도 하였다. 하지만 폐광 후 지금은 서서히 예전 모습들을 찾아가고 있다.

　온통 새까만 모습에 눈빛만 빛내던 광부들이 채광작업을 끝낸 후 공중목욕탕에서 새하얗게 탈색되던 모습들을 보면서 깔깔거리며 웃던 어린 시절들, 어쩌면 천진하고 유순한 마음에서 바라보았던 가슴 아픈 일들이다. 구릿빛 몸체의 빛깔들이 시간이 갈수록 새하얀 백지색으로 변해버리는 광산촌 일꾼들의 아픔을 알지 못하던 어리석음, 가을을 알지 못하던 봄의 시간만 완연하던 그때의 모습을 회상하면 가슴이 아려온다. 내가 살았던 작천의 주봉 옥녀봉은 너무나 많은 변화는 싫어한 듯하다. 내가 태어난 작천리 이웃 갈전리 등은 50여 년의 세월에도 변함이 없다. 단지 황톳길이 아스팔트 길로 바뀐 정도다.

왕능리에 있는 가은 초등학교에서 작천리까지는 걸어서 한 시간은 정도다. 좌측으로 영산천을 끼고 우측 옥려 봉 둘레를 돌아 가야한다. 영산천은 꽤나 넓은 시내였다. 강폭이 어림잡아도 넓은 곳은 100미터가 훨씬 넘었으며 좁은 쪽도 최소 30미터 이상이었다. 물이 흐르지 않는 강변까지 합치면 그보다 더욱 넓었다. 여름철 장마철이나 비가 많이 오면 황소 울음소리를 내며, 누런 물을 잔뜩 싣고 흐르곤 했다. 모든 것을 집어삼킬 듯, 거친 숨소리는 강변으로 눈길을 주지도 못하게 만들었다. 하지만 평상시엔 바닥이 환하게 투명하게 비치고 작은 물고기들의 유영도 모두 볼 수 있을 만큼 맑고 청아했다. 또한 강 가장자리의 동그란 조약돌은 햇살이 비치면 눈을 부시게 만들었다. 등하교 시 우리 누구 하나 납작한 돌을 집어 들어 수제비를 뜨는 상쾌한 놀이를 하지 않는 이는 없었다.

 고향 집 문을 향하여 학교를 파하면 달려갔다. 푸른 영산천과 넓은 작천 들판을 떠 올리지 않을 수 없다. 어쩌면 가장 나에게 쉽게 떠오르는 내 고향 기억의 첫 무늬이기 때문이다.

 작천 들판은 산골 마을인 문경에서 빼놓을 수 없는 넓고도 풍요로운 땅이었다. 작천 들은 영산천과 더불어 내 고향 작천을 상징하였다. 봄에는 새파란 새순들이 쑥을 처음으로 하여 들판을 기름지게 하였고 여름이면 열정적인 햇볕이 쏟아져 벼 이삭을 토실토실하게 영글게 했다. 가을이면 석양에 황금빛 들판이 내려앉으며 살찐 메뚜기가 빨간 고추잠자리와 어울려 높은 하늘에 오르려 춤을 추었다.
한해의 농사를 마친 어른들은 벼를 베어낸 논바닥에서 작천의 자랑거리인 농악놀이를 펼쳐내었다. 경쾌하게 돌아가는 상모와 꽹과리 소리를 앞세우며 묵직한 징 소리가 마을을 뒤덮으면 마냥 즐거워 덩실덩실 춤을 추며 따라다녔다. 겨울이면 들판을 가로질러 기러기가 북쪽으로 열을 지어 날아가고 하얀 손님인 꽃눈들이 작약산 봉우리부터 작천들에 내려앉으면 마을 전체는 조용히 동면에 들어갔다. 포근한 포만감이 풍요로운 농촌의 풍경들을 마감하였다.

'가은 초등학교' 예전에는 이름은 달리 불리었다. '국민학교' 일제의 잔재를 없앤다는 뜻으로 모두 초등학교로 변경하였다고 한다. 지금도 옛날의 명칭이 쉽게 생각나고 입에서 불리는 사실로 미루어보면 머리에 심어진 기억은 쉽게 변하지 않는 것임은 틀림없다. 읍내에서 가장 전통이 있고 큰 학교였다. 더욱이나 내가 다니던 시절에는 석탄광업소가 성시를 이루던 때라 반마다 학생은 그야말로 콩나물시루였다. 멀리 벽지에 있는 학생들은 분교로 등교하는 분산교육도 하였지만 당시의 교육 현장은 열악하기만 했다.

나는 1학년부터 3학년까지 다니다 잠시 서울로 전학 5학년 다시 복학 초등학교를 마치었다. 아마도 초등학교 시절은 어떤 인격 형성이 이루어지지 않은 불완전 성장 시기라고 지금 돌아보면 생각이 된다. 그러한 시절에 나에게는 몇 가지의 큰 사건들을 겪게 된다.

'초등학교 6학년 재수'

어릴 적 아이큐 조사 때 남보다 조금 우수한 기록을 보인 덕분에 항상 주위에는 책이 옆에 있었고 옛날 선비 집안의 후손이라는 케케묵은 집안의 강한 집착의 교육열과 18살이나 많은 아버지를 대신하는 형님의 성화 때문인지 출세욕을 향한 재수의 시작이었다. 그 당시에 중학교 입학은 시험제도였다. 그야말로 성적순이었다. 엘리트군으로 향하는 코스가 대략 정해져 있었다. 서울 파동 1번지에 있는 경기중학교 합격, 경기고등학교 졸업, 서울대 법대 입학, 졸업, 사시, 행시 합격 등 어쩌면 누구나 열망하고 꿈꾸던 그런 코스의 일상이었다.

돌이켜보면 그 시대는 모두가 그렇게 앞만 보고 위만 보고 달려갔을 것이다. 나 또한 그렇게 열심히 해야 하고 학교의 명예, 집안의 명예 등이 삶이 추구하는 최고의 가치라고 믿고 있었을 것이다. 또한 시골과 도시의 차별에 대한 자존심도 한몫한 것 아닌가 싶다.

처음 재수 전 미리 본 예비모의시험에 만점 가까운 득점으로 사기 등등하게 경기중학교 원서를 제출했다. 학기 내내 정말 열심히 했다. 교과서에 수록된 여러 지식들을 페이지 통째로 외울 정도의 수준이었다. 학교 선생님 동료들의 응원을 업고 수험장에 앉아 정성껏 한 문제 한 문제 풀어 나아갔다.

국어 문제 중 '신문사 기구 중 편집국이 아닌 곳은?' 사다선지형 문제였다. 나는 생각할 여지도 없이 '사진부' 번호에 표기하였다. 그 한 문제의 답으로 인하여 수많은 시간이 바뀌어 졌다. 4학년 서울로 잠시 전학하여 서울 미동 초등학교에 다닐 때 형이 근무하던 서울신문사를 매일 찾아갔다. 그 당시 형님은 사진부에서 기자로 근무하고 있었다. 건물 3층에 있었다. 그 당시 편집국은 2층에 자리하고 있었다. 장소로 인한 엄청난 착각, 어린 나로서는 머리에 그대로 박혀버린 것이다. 한 곳에 함께 있는 것만으로 같은 소속이라는, 겉만 보고 판단하여 눈에 보이는 실상의 허상을 정답으로 해버렸으니 기가 막힐 노릇이었다. 정답은 바로 다음 번호인 총무부가 2층에 있었으니. 그 후 지금까지 형님은 술에 취하면 "내 죄야. 내 죄" 하면서 불필요한 아쉬움을 토한다. 그때마다 내 마음은 가을이 된다.

그 후 그 장소 착각의 아쉬움을 풀려고 1년의 시간들을 그 지긋지긋한 교과서와 씨름을 하였다. 주위에서도 나의 착각을 위로 해주며 더욱 응원의 도움을 주었다. 학교 담임 선생님은 후배들과의 함께 공부하는 부담을 들어주려 맨 마지막 좌석에 앉아 자율적으로 등교하면서 저녁에는 자택에서 별도의 수업 보충을 위하여 방 한 칸을 내어주며 특강을 해주었고 어머니는 그동안 도시락을 매일 아침저녁 학교에 가져오는 수고를 아끼지 않으셨다. 이제는 나 혼자가 아닌 주위의 바람으로 변해 있었다.

　다음 해 똑같은 장소에서의 시험은 그야말로 혈투였다. 체육 점수에서 당락을 좌우한다고들도 하였다. 158문제에 체육 네 가지 종목 2점 도합 160점 만점이 총점이었다.

　나에게는 한 가지 트라우마가 존재하였다. 3학년 시절에 자전거를 배우다 뒤에서 잡고 있던 친구와 함께 논고랑으로 넘어지는 사고를 당하였다. 당시 친구가 가지고 있던 농기구인 낫이 발 뒤의 근육을 손상시켜 단거리 달리기는 느린 편이었다. 당시 60미터를 10초 2에 달려야 만점이었으나 나는 아무리 용을 써도 만점은 어려웠다. 하지만 최선을 다한 탓인지 필기 문제는 한 문제만 틀렸다. 당락의 커트라인은 무사히 통과될 수 있다는 예상 답안과 함께 주위의 모든 사람은 기쁜 마음에 들떠있었다.

　하지만 합격자 발표 후 새로운 문제가 발생하였다. 미술 문제에서 오답 문제가 생겨났다. 미술 문제 판화 만들기에 사용하는 창칼의 사용법에 대한 문제였다. 국정교과서인 미술 교과서에는 분명히 손으로 잡고 앞으로 당겨서 사용하는 방법을 정답으로 하고 있었다. 그러나 서울 무수의 사립학교 사교육이 손에 잡고 미는 방법 즉 끌칼을 사용하는 방식도 옳다고 가르쳤다는 사실이 대두되어 두 가지 답 모두가 정답으로 변경되어 대다수 응시자가 필기고사에 만점을 획득하며 합격자가 변경되었다. 그 사실로 무수한 낭설이 돌아다니고 학교 내에는 담요를 펴고 농성하는 모습들이 수개월간 계속되었으며 죄 없는 학교 교장이 사직하는 사태를 만들고 말았다.

 그 당시 교장의 이름이 지금도 선명하게 가슴을 울렁거리게 한다. 그 후 나에게는 당시의 시간을 정리하는데 많은 시간이 필요하였다. 또한 나로 인한 불필요한 주위의 시선들을 이겨내는 데에는 적지 않은 마음의 아픔을 가져야 했다.

 작금 자주 발생하는 일부 엘리트층의 일탈과 부패하고 타락하는 자본주의 금권, 권력자들의 보기 싫은 모습들에서 그 어린 시절 재수하던 나의 모습들이 되살아나는 이유는 왜일까? 그 시절의 사실들이 나에게 다가오지 않았다면 나도 어쩌면 똑같은 일탈의 한 부류로 휩쓸리지 않았다고 장담할 수 있을까? 더럭 겁이 난다.

 세월이 흘러도 뇌리에서 지워지지 않는 기억들이 계속 떠오르는 사실은 지금은 살아 생동하고 있다는 확고한 힘이다.

 밝고 아름답게 삶의 방식을 충만하고 바르게 완성되도록

변화시켜 갈 수 있는 힘을 얻을 수 있는 지혜들이 지난 세월 속에서 춤추며 일어나고 싶어 안달을 부리고 있을 것이다.

더위가 유난히도 기승을 부리던 올여름 집 마당 화단 장미 넝쿨 우거진 곳에 까만 길고양이가 새끼들을 탄생시켰다. 어느 비 오는 날 새끼들을 한 마리 한 마리 처마 구석진 귀퉁이로 옮겨 놓더니 몰래 다섯 마리의 새끼들을 이끌고 어디론가로 이사를 해버렸다.

장미꽃 덩굴 청소 시 곱게 다져지고 반질반질하게 다져진 반듯한 네모자리를 발견했다.

비 잘 하던 손길이 잠시 멈추어진다.

길고양이 가끔은 생각하고 찾아오려나?

'은혜를 더 하는 곳' 내 고향 '가은'은 나의 첫 무늬다.

헤진 털옷 풀어 실 감아내듯 한 올 한 올 물레질을 계속하고 싶다. 나를 찾아서.

# 지킴-이

　　며칠 전 내린 봄비에 떨어진 꽃잎은 가녀린 봄바람에 이리저리 몸을 뒹군다. 꽃은 떨어져도 예쁘기만 하다. 운동화 한 켤레만 있으면 쉽게 걸을 수 있는 성지곡수원지로 아내와 함께 봄나들이를 나섰다. 회색빛 도시에 이만큼이나 걷기 예찬을 할 수 있는 장소가 집 가까이 있다는 사실 하나로도 행복이 넘칠듯하다. 푸르고 잔잔한 호수 변을 바라보며 편백나무 아래 숲 의자에 앉아 숨을 들이마시면 짙은 나무 향의 정갈함에 일주일의 스트레스가 훌쩍 달아나버린다. 또한 그리 중요하지도 않은 이야기라도 정겹게 나누며 걷다 보면 백양산 산꼭대기에 해가 뉘엿뉘엿 넘어간다. 한 바퀴 휘돌다 보면 귀퉁이 호수 가장자리에 있는 작은 다리를 만난다. 이곳은 항상 많은 사람이 난간으로 가까이 모여들어 호수 변으로 모여드는 잉어 가족들을 구경하곤 한다.

　다리 옆 가게에서 과자류나 각종 먹이를 사서 잉어에게

모이로 던져주며 잉어 무리를 살펴보는 장소다. 많은 수의 잉어무리와 생긴 모습들이 워낙 크다 보니 사람들의 관심을 끄는 것이다. 여느 일요일처럼 오늘 사람들의 감탄사도 동일하다.

"와 크네! 엄청 많네. 과자도 잘 네 저기 봐! 저기! 저 고기가 더 크네" 언제나 들어도 같은 말들이다. 두툼한 입술을 실룩거리며 사람들이 던져주는 건빵을 날름날름 삼키며 큰 몸짓을 뒤집으며 애교를 부리기도 한다. 사람들은 이리저리 과자부스러기를 던져주며 무리를 모으고 흩어지게 만들며 즐거움에 자리를 쉽게 뜨지 못한다. 아마도 처음 잉어 떼를 만나서 내가 행동한 모습처럼.

어느 일요일 한참 동안 잉어 떼를 구경하고 있을 때 아내가 말했다.

"저 큰 잉어들보다 더욱 큰 지킴-이 잉어가 호수 가운데 살고 있겠죠?" "건빵에 길들지 않은 잉어" '지킴-이' 정말 오랜만에 들어보는 말이었다. 그 말을 듣고 난 나는 그 후 호수 속 잉어 떼들을 보는 과정은 산책에서 빼버렸다.

오래전 봄 어느 날 경상북도 경산시 근처에 있는 '남매지'라는 저수지로 민물 붕어낚시를 친구들과 함께하였다.

주말 일박이일 야간낚시를 겸하기로 하였다. 전문 낚시꾼이 아닌 우리는 야유회를 가는 듯 가벼운 행사였다. 청년시절인 그때는 먹고 마시고 함께한다는 일만으로도 마냥 즐거웠다. 토요일 낚시는 하는 둥 마는 둥 저수지에 낚시도구를 걸쳐놓고는 라면을 안주 삼아 밤새 소주잔을 홀짝거렸다. 남매지 저수지는 크기가 제법 컸다. 그곳에서 낚시로 고기를 낚아 생활하는 직업 낚시꾼들도 많았다. 또한 주말에는 사람들이 제법 많이 모여들었다. 밤새 노닥거리며 놀던 우리도 새벽부터는 하나둘 낚시에 몰두하기 시작했다. 봄 새벽의 안개가 저수지 수면에 내려앉기 시작하는 풍경은 구경하기 힘든 잔잔한 아름다움이다. 고기가 입질하지 않고 무료해지니 다른 낚시꾼들의 망태가 궁금해서 한 바퀴 돌아보기로 했다. 밤새 뜬눈으로 몰입한 낚시꾼들의 망태마다 붕어, 잉어등 제법 많은 고기들로 가득 차 있었다.

그런데 한구석 지긋하게 나이가 들어 보이는 촌로 한 분이 낚시를 하고 있었다. 낚시도구가 특이했다. 물가의 황토색 진흙 속으로 소주병 두 개를 박아놓고 그 병에 낚싯줄을 둘둘 감아 놓고, 자신이 앉아있는 바로 앞에는 오래된 듯한 조그만 소반이 놓여있었다. 그 소반 위에는 저수지 물이 담겨있었다. 낚시도구는 몇 미터 되지 않는 대나무에 숟가락 모양의 나무 조각이 매달려있고 끝은 가늘게 홈이 파여 있었다. 낚시 먹이로는 고소한 깻묵과 건빵 몇 봉지가 보였다. 망태도 보이지 않았다. 신기하기도 했다. "어르신 잡은 고기는 어디 넣어두나요?" "넥타이 예쁘게 매서 저기 저수지 물에" 정말이다. 줄을 잡아당기니 고기의 아가미 방향으로 줄을 연결했는지 커다란 고기 한 마리가 헤엄치고 있었다.

 한 마리뿐이었다. 고기 잡는 방법도 간단했다. 자리에 앉아 대나무 낚시도구 끝 숟가락 모양의 틈새에 떡밥을 끼우고는 머리 뒤로 휘둘리며 던져 버리면 소주병에 감겨있던 낚싯줄이 풀리며 날아가는 방법을 사용한다. 그리고는 탱탱하게 줄을 감아 놓으면 끝이었다. 고기가 먹이를 물면 줄을 당겨 무릎 앞에 놓인 소반 위로 줄을 살살 감으면 끝이다. 물은 줄의 꼬여짐을 방지하며 가지런하게 쌓인다. 신선한 충격이었다.

 그보다 놀라운 말은 그다음 나왔다.

 "고기가 잘 잡히지는 않는 모양이죠? 한 마리뿐이네요." "아니야 모두 놓아주지. 저놈도 조금 있다 '지킴-이' 만나면 보내주어야지."

 " '지킴-이' 그런 고기가 있어요?" "기다려 보세요. 오늘은 한번 나올 것 같은 예감인데. 봄도 찾아오고 많은 낚시꾼에게 한 번쯤은 얼굴을 보일 것 같아. 나도 지금 밤새 기다리고 있어요." 그 말이 끝나기가 무섭게 조금 떨어진 곳에 서서 낚시를 하던 사람이 소리를 질렀다.

"물었어, 대물! 대물! 엄청 큰 모양이야." 주위 사람들이 몰려들고 있었다. 거리가 조금 있었지만 낚시도구가 휘청거리며 힘을 쓰는 낚시꾼의 모습이 보였다.

"그곳으로 갈 필요 없어요, 조금 있으면 이곳으로 올 겁니다." "정말입니까?" "기다려보세요" "틀림없이 나타날 거예요"

한참 동안 낚시꾼은 이리저리 몸짓해가며 힘을 쓰는 모양이었다. 주위에서도 사람들이 "줄을 풀어요. 당겨요." 하면서 조언을 아끼지 않았다. 그러나 그 대물은 물 위로 모습을 보이지 않았다. 그러면서 줄을 밀고 당기며 이리저리 방향을 이동하면서 주위에서 낚시하던 낚시꾼들의 도구와 줄을 엉키게 만들어 버리며 다른 사람들의 낚시를 모두 방해해버렸다. 그리고는 줄을 끊어버렸는지 놓아버렸는지 알 수 없지만 낚시꾼 기대한 월척의 꿈을 사라지게 했다. 그리고는 잔잔한 저수지 수면을 가르듯 지느러미 등줄기를 희미하게 보이며 쏜살같이 한 바퀴 돌고는 촌로 쪽으로 직선으로 다가오는 것이었다.

"보세요. 오늘 올 거 같은 예감이더니 나타났죠." "수염 정도는 보여주려나?" 수직으로 물살을 가르며 정면으로 달려드는 전광석화의 모습, 언뜻 고개를 치켜뜨며 새끼손가락 굵기로 보이는 두 개의 뚜렷한 수염, 쏘아보는 강렬한 두 눈빛의 거대한 물체, 가슴을 활짝 펴듯 검고 묵직한 지느러미를 흔들어 대며 촌로 앞에 멈추어 섰다. 그리고는 넥타이 매어 놓은 고기 방향으로 몇 번 쳐다보는 행태를 보이고는 그대로 조용히 물속으로 사라져 버렸다.

"알았어. 알았어. 무슨 뜻인지. 촌로는 중얼거리며 잡아놓은 고기 한 마리를 저수지 로 풀어주며 말했다. '지킴-이' 바로 금방 그 큰 대물이 '지킴-이'야. 오늘 낚시 온 사람들은 복이 많은 사람이야. 어쩌면 느낀 바가 많겠지."

성지곡수원지 호수 가장자리 다리 아래의 잉어들은 오늘도 이리저리 두툼한 입술을 내밀며 건빵 부스러기를 기다리며 칙칙한 눈망울로 윙크를 보내고, 제 몸 하나 가누기 힘든 살진 모습으로 무리와의 힘든 먹이다툼을 하면서 뒹굴고 있지 않을까? 호수를 지키는 지킴이와 그 지킴이와의 교감을 가지는 여유를 가지는 촌로가 그리워진다.

# '군기'가 빠져있네

　　　　분단국가인 우리나라에서 국방의 의무는 국민이 지켜야 할 4대 의무 중에 가장 중요시되는 한 분야였다. 많은 시간이 흘렀지만 아직도 현재진행형으로 전시국가 상태를 유지하고 있다. 요즘 언론매체에 국방의 주요 담당자들의 각종 이상한 발언들로 저하된 군기 문제가 대두되고 있음을 국민의 한 사람으로서 유감스럽게 생각하지 않을 수 없다. 수십 년 전 젊은 시절 군 생활을 하던 중 일어났던 사건이 생각난다.

　세간에 북한군의 도끼만행 사건, 또는 미루나무 사건 등으로 알려진 8.18 비상시기의 일이다. 중부전선 기계화 부대에 근무하던 나는 계급이 상병으로 기억된다. 그 당시 북한의 2개 기계화 사단을 방어하기 위한 우리나라의 기계화 사단은 내가 근무하던 사단이 유일했다. 그로 인하여 군기가 어느 부대보다도 엄정하였다. 또한 월남 파병을 통하여 실질적인 전투력을 겪은 부대로 자부심이 대단하였다. 시쳇말로 군기로 먹고 군기로 살아가는 부대였다고 모든 병사가 길들어 졌다.

 친지나 친척, 또는 친구들이 면회를 와서 영외로 외출, 외박을 나가도 영내에서 떨어진 주위 소도시에서까지 걸어 다닐 때 팔을 90도 흔들고 다녀야 하는 정도였으니 군기의 엄정함을 알고도 남음이었다. 훈련의 여러 과정 중 부족하거나 미비한 부분이 전투력 측정에서 발견되면 계급장을 떼고 다시 훈련병의 복장으로 미비한 부분만 반복 훈련을 위하여 다시금 교육대로 출장 아닌 출장을 하여야 하는 혹독한 일도 있었다. 또한 군인이 가장 필요시 되는 사격훈련 불합격자들은 맹호탕이라는 진흙탕 속에서 강한 기압을 받기도 했다. 겨울이면 얼음을 깨고 차디찬 물속으로 입수하여 정신통일을 위한 강한 훈련을 받는 그런 부대였다. 어느 부대나 모두가 군기는 엄정하였겠지만, 휴가를 나와 입대 동기들과 대화해보면 그 당시 젊은 기백으로 자랑스럽게 생각하기도 했다.

 또한 부대의 편재도 북한군 편재와 똑같이 1개 분대가 8명으로 1개 소대가 4개, 분대 32명과 소대장 1명, 하사관 1명 포함 34명이 근무하고 있었다. 그 당시 군인들을 사람들은 돼지라고 부르기도 했다. 먹이를 잘 주어 키우다 결정적일 때 사용한다는 뜻이다. 전쟁이 발발하면 사용하는 일회용이라며 비화하는 말인 듯 보인다. 군 생활의 복무기간이 지금은 많이 단축되었지만, 그 당시는 3년 남짓하였다. 전역을 1개월 정도 앞두고는 사회로 돌아가는 준비기간이 있었다. 그 하루하루의 시간이 가장 길게 느껴지는 시간으로 기억된다.

현역에서 전역하게 되면 예비군으로 편성이 되기에 전역 시는 얼룩 색깔의 예비군 복장이 지급되어 옷을 갈아입게 된다. 그것을 '개구리'복이라 모두 불렀다. 그 '개구리복'을 입고 자기가 근무하던 영내에서 사단의 교육대로 다시 입영 때와 같은 형태를 통하여 사회로 복귀하는 것이다. 함께 근무하던 전우들과 인사를 나누고 상사에게 전역 신고를 하고 3년여의 푸른 제복의 시간을 끝맺음하는 그 기분은 날아가는 기분이다.

8.18이 벌어진 그 날 새벽 부대에는 비상이 걸렸다. 그런데 그날의 비상은 자주 훈련하던 때와는 완전히 달랐다. 평상시 비상 훈련 시는 실탄이 직접 지급도 되지 않았으며 완전군장을 꾸려도 모포도 낡은 것으로 꾸리고 외출, 외박 시 입는 의복과 구두는 전혀 사용되지 않았는데 이상하게 그 날은 모든 것을 실제 지급하고 하물며 식기 등도 새것으로

교체하여 소대 전체의 짐으로 꾸리고 개인 화기의 실탄 지급 외에도 권총 지급, 수류탄 지급 등 완전히 전쟁을 시작하는 그런 준비의 비상 훈련이 하달 된 것이다. 또한 오전 낮에 교육대로 전역을 위해 '개구리'복으로 갈아입고 인사를 나누고 갔던 고참병들이 우거지상으로 돌아온 것이다.

새벽에 시작된 비상은 오전 내내 대기상태였다. 어떤 상황인지 병사의 처지에서는 깜깜하기만 하였으니 불안감은 더욱 높아만 갔다. 내무반 화단에는 코스모스가 무성하게 자라 초가을 바람에 한들거리고 있었다. 그 코스모스 속에서 신입 이등병들이 훌쩍이는 모습들도 보였다. 또한 구내의 피엑스에는 물건이 동이 나버릴 정도로 삼삼오오 들락거리는 전우들의 모습들이 생겼다. 한 달 구매량이 월급보다 많을 때는 인사계 상사로부터 엄한 얼차려를 받는 사실도 모두들 잊은 듯 보였다. 오후에 전체적인 대대 점검 사항이 시작되었다.

중대별, 소대별, 전투에 참여할 정예인원을 차출하는 시간이었다. 우리는 연병장에 서 있는 군용트럭을 뒤로하고 도열하였다. 자대에 남아 있어야 할 병사와 전투에 참여할 병사를 구분해야 하였다. 먼저 중대장이 일장 훈시를 시작했다. "국가의 부름으로 오늘 새벽 비상이 발령되었으니 밤이 되면 이곳 주둔지를 떠나 적들과의 한판 승리를 위한 출진이 불가피하다. 인사계가 여러분 각각의 상태를 점검할 것이니 그에 따라 강한 전우애로 뭉쳐 주기 바란다." 인사계인 상사가 나섰다.

"먼저 여러분 중에 전역을 앞둔 몇몇의 병사. 그리고 가장 근래 전입되어온 신입병은 전투 참가를 제외하겠다. 그리고 환자를 제외하겠다. 전역병과 신입병은 내가 이름을 부르면 좌측으로 열외하기 바란다." 그리고는 몇 명의 명단을 부른다. 그다음이 문제였다. "환자는 우측으로 열외하라." "전투에 부적합한 다리 외상이나 지금 의무대 치료를 받는 자가 우선이다." 모두 눈치를 보는지 움직이는 사람들이 보이지 않았다. "전투에 참여하는 자나 이곳 주둔지에 남아있으며 전투를 지원하는 모든 사람이 모두 함께 싸우는 전우다." " 지금 열외하지 않으면 바로 모두 출발한다. 아무도 없는가?" 그때였다. 머리를 긁적이며 훈련 도중 다리를 다쳤던 병사가 옆으로 나아갔다. 그러더니 한 사람 한 사람 늘어가며 많은 병사가 대오를 이탈하는 것이 아닌가?

 32명의 소대원 중 환자라며 대오를 이탈한 자가 10명이 넘었다. 인사계. 소대장. 중대장은 경악하는 모습이었다.

"너는 어디가 아프냐? 너는 왜?" 한 사람 한 사람에게 묻는 인사계는 무척이나 곤혹스러운 눈치였다. 전쟁하면 다 죽는 줄 아는 모양이지? 군기가 완전히 빠져버렸어!

중대장이 각 소대장을 불러 세웠다. 우리에게는 보이지 않으려는 지휘관의 실망감으로 보였다. 그리고는 잠시 후 "일단 소대 내무관 안에서 출동대기 상태로 대기한다. 일단 환자들은 전투에서 제외하기로 한다. 대기시간 동안 몸 상태가 좋아지는 자는 참가해도 좋다는 중대장의 명령이다."

그날 새벽 우리는 주둔지를 떠나 서너 시간의 이동시간을 거쳐 최전선 참호에 배치되었다. 아침 해가 떠오르고 맞은편 산등성이를 바라본 우리는 놀라지 않을 수 없었다. 그곳에도 새카맣게 많은 적군의 병사들이 보였다. 그들의 마음도 우리와 무엇이 달랐을까? 그 후 이틀간 최전선에서의 우리는 완전히 돼지처럼 변해있었다. 저녁이면 일부러 전해주는지 술이 생겼고 고기 등 먹거리가 푸짐했다. 밤이면 술기운에 시간을 보내고 아침이면 마주 보는 적군에게 손을 흔들기도 하면서 살아있음의 평화의 여유를 느끼기도 했다. 그리고는 그 유명한 미루나무가 잘리고 난 후 전쟁에 승리라도 한 듯 힘차게 군가를 부르며 다시 주둔지로 귀대

하였다.

 그 사건이 지난 후 그 비상 훈련에 참석하지 않은 전우들이 자책하던 모습들이 수십 년이 흐른 지금 가끔 생각난다. 진실은 자신들만이 아는 것 스스로 비겁하지 않으면 그것이 옳은 것 아닐까? "군기가 빠져있네" 그 당시의 인사계가 생각한 '군기'가 새삼 궁금해진다.

## 별거 아닙니다

　　　　아는 사람이 수술하여 병문안을 하게 되었다. 폐에 종양이 발견되어 5시간이 넘는 긴 수술을 하였는데 다행히 수술이 잘되어 회복 중이었다.
　위암 수술받고 완쾌한 경험이 있는 나로서는 대화하기가 무척이나 조심스러웠다. 갈비뼈 진단 중 찾기 힘든 부분의 폐종양을 발견해준 동네 의원에 고마운 마음을 금치 못한다며 눈물을 흘렸다. 수술을 집도한 종합병원 교수는 그 동네 의원에 고맙다는 인사를 전하라는 당부를 하면서, "이렇게 어려운 부분을 어떻게 발견했을까? 천운이네요, 수술하면 별거 아닙니다." 하면서 대수롭지 않은 모습을 보였단다. 그런데 그 '별거 아닌 일'이 오랜 시간의 수술과 수술 후 통증과 여러 면에서 무척이나 힘들다고 말한다. 어쩌면 나의 경우와 똑같을까? 어떻게 똑같은 말이 다른 종합병원의 교수가 할 수 있는지? 집으로 돌아오는 버스에서 나의 지난 일이 되살아났다.

집 근처의 작은 의원에서 위궤양 치료를 하던 중 이제는 완쾌 가능 진단에 마지막으로 내시경 검사한 조직 검사 결과를 보러 갔다. 그날 의사 선생님의 말은 작았지만 내 귀에는 천둥소리였다.

"암입니다. 내일 종합병원으로 가보셔야겠습니다." "부산대나 백병원." 그 순간 기분이 묘했다. 길을 걷다 더러운 무엇을 밟은 듯, 어디론가 팽개쳐지는 기분, 한참 동안 멍해 있었다. 그리고는 30여 분 무심코 걷기만 했다. 무척이나 길게 느껴진 그 시간 하늘은 온통 잿빛이었다.

다음날 아내와 함께 백병원을 찾았다. 모든 검사를 새로 시작했다. 결과는 변함없었다. 교수는 "암이 틀림없네요, 50원짜리 동전만 해요. 발견하신 동네 의원 선생님께 고마워하세요, 정말 찾기 어려운 지점인데, 조기 발견한 사실로도 당첨이나 다름없습니다. 어쩔까요? 방법은 두 가지가 있는데 확실하게 개복 절개 수술로 합시다.

"간단합니다. '별거 아닙니다.'"

나는 물었다. "선생님 수술 후 언제쯤 직장에 복귀 일할 수 있겠습니까?"

교수는 말없이 빙그레 웃기만 했다.

희미한 전등 및 중앙 수술대 위에 누워 있었다.

"OOO 맞으시죠?" "네" "주민등록 번호와 주소를 말씀해주세요." "개복 후 상태에 따라 위 전체를 절제할 수도 있습니다." '별거 아닌 일이' 찰나의 순간 선택권은 없었다. 나만의 신에게 기원할 뿐이었다. 그리고는 의식을 잃었다. 6시간 30분 수술 후 귀에 들려오는 희미한 말 "삼 분의 일은 남기고 절제하였습니다." 그 후 암이라는 병과의 별거 아닌 동행은 나에게 무수한 변화를 가져왔다.

가장 먼저 변한 것이 먹는 일이었다. 내 마음대로 고르던 음식이 부자유스러워졌다. 그 부자유는 생명을 연장하는 자유로 변하였다. 잊고 있던 일들이 생각나고 '별거 아닌 일'들이 모두 소중하게 보이고 주위의 모든 삶들이 귀하게 느껴졌다.

어버이날, 카네이션 꽃송이와 함께 담겨온 철학자의 글귀가 눈에 쏙 들어온다.

"감사하는 마음이 아름답다. 자신과 인연이 있는 사람을 소중히 하려는 마음의 여유가 인생을 풍요롭게 한다." 어제는 오랜만에 딸과 함께 영화를 보았다. 돌아오는 길에 내게 묻는다.

"아빠 내일 카네이션 어떤 것 살까?" "아무거나" "아빠 그런 말이 어디 있어? 매년 내가 카네이션 고르면서 얼마나 많은 고민을 하는데." 섬광처럼 지나는 후회스러움에 얼굴을 붉힌다. 체면 불고하고 딸 또래의 언어 치료사에게 전화했다.

"실수를 만회할 좋은 말 좀 가르쳐 주세요." 휴대폰에 문자가 날아왔다.

"기억하시고 연락 주셔서 감사합니다. 저는 말을 할 때도 모든 생활을 할 때도 항상 저보다 다른 사람을 생각하려고 애를 쓰는 편입니다. 따님이 하신 질문에는 네가 사 오는 건 모두 예뻐! 이렇게 말했을 거 같아요."

내일은 병원 가는 날이다. 내일도 별거 아닌 일들로 바쁜 교수님께 박카스라도 한 병 놓고 와야겠다. 투병 시작한 여성분도 별거 아닌 일 잘 이겨내리라.

오래오래 살아야겠다. 별거 아닌 일들 견디면서.

## 국화차 한잔

　　　　　자고 일어나면 마음을 온통 짓누르던 회색빛 사건들이 미디어를 얼마나 달구었던가?

　아직도 건져 내지 못한 마음의 짐 세월호, 22년 만에 나타난 가습기 살균제, 강남역 묻지마, 대한항공 갑질 사건, 스크린도어 사건, 유명화가 대작 사건, 미세먼지 주범, 섬마을 단체 교사 성폭행, 묻지마 폭행. 이태원 참사 등 일어나지 않아야 할 사건들이 너무도 쉽게 발생하는 사실에 전율을 느끼면서 한편으로는 포스트잇을 붙이는 자리가 비좁을 정도로 넘쳐나고 서로 공존하고 동거하는 마음에 조금씩 마음의 생채기를 지우기도 하였다. 또한 코로나라는 미증유의 아픈 시간을 지나면서 고통의 늪에서 허우적거리기도 했다.

　수십 년 전 군에서 근무할 때였다. 군이라는 특수한 환경은 상명하복을 최우선으로 모든 행위에 우선한다. 또한 단체적인 의무가 개인의 의무보다는 항상 앞서는 것을 원칙으로 한다.

군 초병 근무 중 부대의 정문을 경비하는 위병근무라는 임무가 있다.

다른 임무와는 달리 부대의 얼굴을 상징하며 그 부대의 사기를 짐작하는 중요한 임무였다. [그 당시] 보통 1개 소대가 담당하며 24시간 서로 몇 시간씩 교대하면서 근무하였다. 항상 복장도 단정하게 하고 입초를 서고 부대장, 또는 상급 부대의 상관이 출입할 때 사관, 하사관, 위병 등이 함께 차렷 자세로 힘찬 구령으로 경례한다. 그 우렁찬 목소리와 절도 있는 동작이 그 부대의 군기나 사기를 나타내듯 누구나 목이 터져라 외쳐대곤 하였다.

그 구호는 지금 생각하면 조금 유치한 생각도 들지만 당시는 길들여지기에는 충분하였다.

부대구호 뒤에 붙이는 특별한 구호가 있었다, 예를 들면 '때려잡자 김일성, 이룩하자 유신과업' - [지금 돌이켜 보면 모두가 이루어지지 않은 메아리에 불과했지만]- 특히나 사단장이나 부대장 1호차가 부대에 출입 시는 더욱 목청이 높아질 수밖에 없었다. 부대에는 1호차 즉 부대장이 통과할 경우는 모든 위병근무 자들이 함께 경례하였다. 낮에는 탑승 여부를 눈으로 볼 수 있고 또한 미리 연락받으므로 모든 위병들이 함께 서서 경례를 할 수 있지만 밤이 문제였다.

어두운 밤에는 탑승 여부를 알 수 없어 별도의 연락 방법을 강구 하였다. 부대장 운전병이 신호로 부대장 탑승 시는 두 번의 비상 깜빡이를, 미 탑승일 때는 그냥 출입하는 것으로 잠정 결정한 것이다. 그러던 어느 날 부대장 운전병은 서로 상의한 사실을 잠시 잊고 그냥 차를 몰고 위병소를 통과하였다. 그날 저녁 위병소대 전원은 완전군장을 하고 일기당천 고지를 밤새 오르락내리락하며 기압을 받았다. 그다음 날 그 운전병은 호된 반대급부를 받아야 했다.

그다음부터 운전병은 부대장이 탑승하든지 타지 않든지 매일 비상 깜빡이를 켜대고 출입하기 시작하였다. 그 후 위병소는 그 사병 운전병에게 위병소 모든 인원이 함께 경례 구호를 해야 하는 부적절한 행동들을 할 수밖에 없었다. 그러던 어느 날 용기를 가진 소대장이 부대장에게 건의하였다. 지혜롭던 부대장은 다음과 같은 지시를 하였다. "어두워지면 나는 차를 타지 않고 위병소는 걸어 들어오고 걸어 나갈 것이다. 차를 향한 불필요한 충성을 할 필요는 없다."

한 개인이 세상을 떠나도 세상은 한사람으로 간주하지 않는다. 그 사람의 살아온 형태, 시대, 주위 여건, 남겨진 무엇으로 다양한 의미가 담겨 지기도 하고 그냥 스러지기도 한다. 그러하기에 세월호 같은 집단적인 죽음 현상은 우리가 모두 짊어지고 가야 할 인간 본성의 짐이 되어야 하지 않을까? 또한 사람들은 누구나 부유한 성공적인 삶, 깊은 성취감, 만족스러운 삶을 향하여 달려간다. 또한 그 모습들을 보면서 그 사실을 동경하고 닮아가려고 노력하는 것이 보편적인 삶이다. 이러한 믿음이 깨질 때의 절망감은 무엇으로 치유할 것인가? 가슴이 먹먹해진다.

인권운동가이며 세기적 복서였던 무하마드 알리의 말을 새삼 떠올린다.
"불가능, 그것은 나약한 사람의 핑계에 불과하다." 절망적인 사회를 이겨내는 일은 더욱 인간다워지는 일이다. 책 한 권 펼쳐본다.

'인비저벌'[데이비즈 즈와이그작] 언론인이자 작가이며 음반 제작자 겸 가수 기타리스트로 2개의 음반을 내기도 한 저자는 보이지 않는 존재 즉 '투명 인간'에 대하여 실제적인 인물을 찾아 탐구하여 다음과 같이 말한다.
[자기 홍보의 시대, 과시적 성공문화를 거스르는 조용한 영웅들이 인비 처벌 이다] 우리 사회에 무수히 존재하는 이들의 특징을 이렇게 말하고 있다.

타인의 인정에 연연하지 않는다. 타인의 인정을 받는다는 것은 그 실체 가치보다 훨씬 과장되어 있다는 사실을 인비저벌은 알고 있으며 외부 세계로부터 인정받는 것을 버리고 무명으로 남아 스스로 만족감을 성취하여 자아를 발견 성취한다. 교묘한 술책에 기반한 성공을 원하면 대개 헛발질로 끝난다. 올바른 종교나 철학이 수천 년 외쳐온 것처럼 남들의 관심이나 칭찬이 아닌 스스로 충실감에 만족을 느끼며 성공으로 정의한다.

치밀성이다. 인비 처벌은 단순히 평범하고 대접받지 못하는 일을 하는 사람이 아니다. 고도로 숙련된 기술 지식을 가지고 치밀하게 자기 자신에게 엄격하고 냉정한 평가를 하며 인정받는다. 포상이나 찬사를 거부하고 격려나 칭찬조차도 바라지 않으며 만족한 삶을 살아간다.

무거운 책임을 느낀다. 예를 들면 마취 전문의들은 수술 도중 예기치 못한 상황이 발생할 때마다 수술실을 지휘하고 환자들의 생명을 지키지만 실제로 환자에게서 찬사와 인정을 받는 것은 수술을 집도하는 다른 의사일 수도 있다. 눈에 보이는 책임과 권한만을 높이 사는 경향이 있다. 하지만 인비 처벌은 책임의 가장 순수한 형태일 눈에 보이지 않는 책임은 그들을 자극하고 대담하게 만들며 성취감을 선사한다. 이러한 인비 처벌들은 우리 사회에 무수히 많다. 바로 내 주위 가장 가까운 곳에 존재한다. 저자가 책 말미 감사의 글에 쓰인 글귀는 더욱 희망을 만든다.

"이면에 존재하는 모든 인비 처벌 중에서 내 아내 도린 만큼 중요한 역할을 한 사람은 없을 것이다."

불확실한 시대를 살아갈 때 가장 필요한 것은 성의가 아닐까?

옳음이라 생각되면 스스로 투명 인간들이 되어 가장 가까운 곳에서 용기와 희망적인 인간성을 키워야 하지 않을까?

마당 한구석 국화 몇 송이가 꽃을 피워내었다. 어찌 사랑하지 않겠는가?

울화가 치밀고, 속에서 천불이 날 때, 국화차 한잔이 어떨까?

들판에는 온통 개망초 세상이다. 덤터기를 뒤집어쓴 슬픈 꽃, 꽃말이 너무 예쁘다.

'가까이 있는 사람을 행복하게 해주고 멀리 있는 사람은 가까이 다가오게 해준다.'

# 그 다음이 문제야

　　　　내 고향은 경상북도 문경이다. 워낙 산세가 깊고 내륙지방의 한가운데 있어 어린 시절부터 바다를 무척이나 동경한 듯하다. 그로 인하여 바다의 도시인 부산에 자리 잡고 수십 년을 살아가고 있는 듯하다. 그렇다고 바다를 통하여 살아가는 모든 것을 기대고 있는 것이 아니다. 다만 바다를 바라보면 가슴이 터지는 듯 무언가 힘이 솟으며 새로운 결기의 희망이 넘치고. 달리는 버스 안에서 해안선의 굴곡을 바라보면 곡선의 아름다움에 취해버리고 만다. 그로 인하여 나는 하루의 일과를 거제도 또는 경남 해안 도시를 택하는 경우가 허다하다.

　부산에서 거제도를 가려면 창원, 마산, 고성을 경유하며 서너 시간은 버스를 타야 했고 배편을 이용하려면 진해 안골에서 장목항, 또는 부산 여객선 터미널에서 고현항까지 장거리 여행의 불편도 감수해야 했다. 얼마 전 유명한 침매터널이 있는 거가대교의 개통으로 실제 거제도는 섬이 아닌 육지로 간주해도 될 만큼 가까워졌다. 사상터미널에서 버스에 오르면 시원한 강변도로를 달려 밤새 켜져 있던 신항만의 불빛들이 태양에 하나둘 사라지고, 거가대교 터널 속 바다 밑으로 버스는 질주한다. 터널을 빠져나오면 출렁이는 푸른 물결들이 힘찬 새벽을 휘젓는다. 그 모습을 만나면 온몸에 생미역의 돌기가 돋는다. 그 아침에 항상 내 눈에는 자그마한 섬이 들어오곤 했다. 바로 그 섬이 '저도'다. '저도' 그 유명한 대통령 별장이 있었던 곳이다.

저도는 경상남도 거제시 장목면 유호리에 있는 섬이다. 대한민국 대통령 별장 청해대가 들어섰다. 1975년 장목면 저도, 망와 도는 진해 해군기지와 행정구역을 일치시키기 위하여 진해시에 편입되었다가 1993년 11월 대통령 별장에서 해제된 후 1993년 12월 1일 진해시 안곡동의 저도, 망와도가 거제시로 환원되었다. 거가대로가 지나간다. 그러나 여전히 해군이 관리하고 있어 도로에서 밖으로 나가 섬으로 내려갈 수 없다.

버스 어느 쪽 창가에 자리 잡아도 저도의 풍경은 제대로 볼 수가 없다. 전직 대통령들의 여름휴가 내용을 통하여 언론에서나 한 번씩 볼 수 있는 외눈박이의 눈요기 섬일 뿐이다. 그 섬을 지난 대통령은 국민에게 개방하기로 천명한 바

있다. 그 후 일반인들도 다녀올 행운이 생겼지만 섬 전체가 아닌 일부분만 개방하고 있다. 어차피 외눈박이 섬일 뿐이다. 거가대로를 달리며 차창에 비치는 단면의 '저도' 모습에 나는 항상 아쉬운 마음을 지울 수 없었다. 그런 '저도'의 보지 못한 단면을 전혀 생각지도 못한 곳에서 발견하게 되었다.

 부산 시내 한복판의 위치한 서면 롯데백화점 맞은편 버스 정류소에서였다. 버스를 타기 위해 기다리고 있던 나의 눈이 확 떠졌다. 버스 정류소 안내 광고판에 대형 '저도'의 사진이 걸려 있는 것이었다. 부산의 풍경으로, 진해만 쪽에서 공중에서 촬영한 듯 선명한 건물과 골프장 풍경들이 거가대교와 어울리고 있었다. 언제나 지나치며 상상만 하던 그곳이 그 자리에 있었다. 아쉽게도 흐릿한 드론으로 찍은 모습의 사진으로, '저도'라는 이름의 명칭도 없이.

 세간을 달구고 있는 대한항공의 갑질 여파는 여러 행태가 보도되더니 다른 또한 형태의 제주도 칼 호텔 주변의 올레길 차단으로까지 번졌다. 개인 소유의 재산 보호냐? 아니면 갑질의 한 단면이냐? 말이 많다. 어느 것이 옳은지는 보편적인 상식으로 견주어 보면 되지 않을까?

 조선시대 문정왕후의 남동생 윤원형이 예성강과 임진강

일대의 갈대밭을 막아 통행세를 갈취했다. 백성들은 지쳐 도적이 됐다, 임꺽정이 합류한 황해도 청석골 화적패도 배운 게 도적질이라 장날마다 고개를 지키며 통행세를 뜯었다. 나름대로 규칙은 정했다. 넉넉해 보이는 장꾼이나 행인에게는 통행세를 거두었지만 불쌍해 보이는 이들은 그냥 보내주었다. 허나 두령들마다 불쌍하게 보고 안 보는 기준이 다른 게 문제였다. 예를 들면 황천 왕동이 눈에 불쌍해 보인 덕분에 무사통과했던 장꾼 하나는 다음 장날엔 길 막봉이에게 된통 맞고 물건을 죄다 뺏겼으니 말이다.

'저도'를 어느 한 부류들의 차지로 만들거나 올레길을 막고 좋은 풍광을 혼자서 독점하려는 행태는 견주어 보면 어떤 차이가 날까? 남의 재물을 뜯어내며 통행세를 받아낸 임꺽정이나 갈대밭을 막고 횡포를 부린 윤원형과는 누가 더 갑질의 전형일까?

계절의 여왕이라는 5월이 왔다. 예로부터 5월 하면 가정의 달, 보은의 달 등 여러 아름다운 말과 정겨운 일들이 생각난다. 그러나 어느 시절부터 떠오르는 5.18이라는 숫자에 가슴이 먹먹해진다. 대중에게 많은 인기를 누렸던 '모래시계'라는 이름의 드라마를 새로이 볼 기회가 있었다. 대강의 줄거리는 5.18을 정점으로 두 친구가 살아가며 권력에 취하여 무너져 내리는 추한 모습들과 극적인 남녀 간의 사랑과 우정을 그려내는 드라마였다. 계엄군과 시민군의 다른 두 얼굴의 주인공이 고뇌하며 각자 다른 새로운 모습으로 살아가며, 마지막에는 친구를 상대로 자기 삶을 평가받으려는 모습과 상식의 잣대로 친구를 심판해야 하는 아픔을 겪는 연민의 인간성을 보여주는 드라마였다.

그 드라마의 마지막 장면의 압권이 다시금 떠오른다. 산 위에 두 주인공이 앉아 사형받아 한 줌의 재로 변해버린 주인공을 하늘로 날려 보낸다. 또한 검사역의 주인공이 지난날 옥중에서 친구와 나누던 대화를 되새김한다. 5.18 민주화 운동 시 계엄군과 시민군으로 조우한 일들을 회상하며 그 고뇌와 아픔을 얘기하는 검사 친구에게 자기 잘못에 대한 단죄를 요구하며 말한다.

"그다음이 문제야."

어떠한 정점에 서서 새로운 시작이 필요할 때 어디로 향할 것인가? 어느 길을 걸을 것인가? 우리 모두의 몫이다.

"그다음이 문제야"

## 두 팔 베고 흐르는 영강은 그리움이다

 뜨거운 태양이 등짝을 온통 세차게 후려친다.
지구도 노년의 삶을 살아가는 듯 자꾸만 더워진다. 올해는 유난히 더욱 덥다. 이럴 때 그리워지는 곳이 시원한 바람이 일렁이는 강변이다.
 내가 살던 고향은 경상북도 북단에 있는 문경시 가은이다. 소백산맥의 끝 내림 지역이라 주변이 온통 산지였으나 내가 태어난 작천리는 넓은 들판을 가지고 있었다. 이러한 곡창을 가진 마을은 따뜻했고 인심은 마을 한구석 까치 샘에서 솟아오르는 맑은 물처럼 넘쳐흘렀다.
 가은을 양쪽 팔로 부드럽게 감싸 안고 흐르는 강이 있다. 영강이다.
 강은 상주시 속리산에서 발원하여 동북쪽으로 흘러 농암면 중앙을 흐르는 농암천이 되고 가은읍 경계에서 산지를 곡류하며 윤강이 되고 마성면 북쪽에서 흘러오는 조령천과 합쳐서 영강이 된다.

강은 왼팔로는 옥녀봉을 감싸고 흘러 가은 읍내를 한 바퀴 돌며 오른팔로는 작천 들을 감싸 안으며 두 팔 들고 흐른다.

 초등학교 시절 읍내 중심지에 있는 학교에 가려면 한 시간 정도를 걸어야 했다. 읍내 최고봉인 옥녀봉 산 가장자리를 휘둘러 영강을 끼고 미루나무가 마주 선 넓은 길을 걷곤 했다. 학교에 학생 수가 많아 오전반 오후반으로 구분하여 등교하였다. 여느 시골 마을과 다름없이 작천리도 조그만 마을이라 학생이 많지 않았다. 자연스레 등교하거나 파할 때는 어울려 다녔다. 오후반 마을 친구들을 기다려야 하는 장소는 강변이 제격이었다.

 학교 앞에서 몇백 미터만 걸으면 왕능 앞 강변이었다. 하류 지역이라 강변은 꽤 넓었으며 예쁜 조약돌이 사이좋게 뒹굴며 윤슬이 진주처럼 빛나는 이름다운 강물을 바라보면 시간이 가는 줄도 몰랐다. 연신 물수제비 놀이하며 강 저쪽에 있는 미래를 향해 연신 돌팔매질하곤 했다. 한여름이면 옷을 입은 채로 강물에 뛰어들어 게 헤엄을 치며 놀다 물속에서 속옷을 벗어 건너편 강변 몽돌에 널어 말리면 금방 새 옷이 되곤 했다. 그렇게 아늑하고 따사롭던 강물도 어느 때는 화를 내기도 했다. 세찬 비라도 내리면 강물은 온통 황색으로 변하여 으르렁거리곤 했다. 더욱이나 옥녀봉 산 가장자리가 끝나고 넓은 들판으로 달려가는 길 끝에 큰 바위의 절벽이 자리 잡고 있었다. 강은 그 절벽 쪽으로 흘러오다 걸음을 멈추고는 누런 포말을 쏟아내며 굉음을 지르곤 했다. 그럴 때는 강변으로는 걷지도 못하고 눈길만 기웃기웃 눈치를 보며 걷기도 했다. 강이 거꾸로 흐르고 있는 사실은 어릴 적은 전혀 생각지 않고 항상 신기하기만 했다.

가은은 석탄 광산이 일찍부터 생겨 가은선 열차가 다녔다. 석탄을 편리하게 운반하려는 수단이었다. 자연 교통도 편리해졌다. 사람들이 도시로 나가려면 북쪽인 문경보다는 편리한 점촌 쪽을 택하여 도시로 또는 서울로 많이 가게 되었다. 영ㅗㅑ강이 남쪽인 농암마을에서 동북쪽인 우리 마을로 흐르는 현상이 어린 눈으로 보면 신기하기만 했다. 그러면서 항상 마을 들판을 흠뻑 적셔주며 곡창을 만들어 주려는 강의 인자함에 천혜의 강임을 의심하지 않았다.

강은 어쩌면 경계의 선이기도 했다. 지금은 앞산이 있는 성 밑 마을과 아자개 마을이 있는 곳으로 다리가 놓여 있지만 어릴 적은 경계의 선을 강이 그어 놓았었다.

정월 대보름 기간이 되면 시골 마을에는 저녁에 청장년들은 쥐불놀이를 즐겨 하였다. 작은 깡통에 숯불을 담아 양쪽 귀퉁이에 구멍을 뚫고 긴 줄을 연결하여 빙글빙글 돌리는 놀이였다. 처음에는 작은 불빛이 어른거리지만 하늘을 향해 자꾸 돌리기 시작하면 점차 불꽃이 활활 피어나기 시작한다. 초저녁부터 어둠이 내리면 시작하여 밤이 늦게 끝나는 불꽃놀이의 한 종류였다. 한 사람이 시작하여 많은 개체 수가 늘어나면 그 마을의 힘과 권력을 포효하는 듯 상대방 마을과 경쟁하듯 하였다. 실질적인 전투는 아니지만 그 형태의 크기에 따라 은연중 승패를 겨루기도 했다.

많은 개체의 불꽃들이 강변에 늘어서 서로의 힘을 과시하곤 했다. 그 경계의 선에는 항상 강이 흘렀다. 새날이 밝아오고 날이 새면 밤의 광란을 차분히 강물에 스러지곤 했다.

영강에는 물고기가 넘쳤다. 하얀 모래에는 모래무지가 발밑을 간질간질하기도 했고 거무튀튀한 색깔의 못난이 꺽지, 하얀 피리들이 아름다운 지느러미의 자태를 뽐내며 넘실거렸고 가끔은 커다란 메기나 장어도 수염을 휘날리며 엉덩이를 흔들며 뽐냈다. 강물은 맑은 소주 술처럼 투명했고, 강 한쪽으로는 금실 모래가 수북 수북이 쌓였었다. 작은 바위나 돌멩이 등위에는 고디(다슬기)가 다닥다닥 업혀 있었다. 밤 달빛이 환하게 밝아오면 밤마실 나온 고디를 집으로 동네 아줌마들은 강에 진을 쳤다.

　다슬기에 정구지(부추)를 넣어 빨간 고추장을 풀어 끓인 푸른 색깔의 해장국을 어른들은 즐겼으며 삶은 다슬기의 꽁무니를 이빨로 물어뜯고는 입술로 쪽쪽 빨아 속살을 빼먹던 새콤달콤한 맛은 잊을 수가 없다. 삶은 다슬기의 속을 바늘로 빼내는 수고도 마다하지 않았다.

　가을이 되면 마을에는 한해의 추수를 마치곤 동네 어른들은 농악을 즐겨하였다. 마을 전통으로 내려오는 농악놀이는 어린 시절의 황홀한 구경거리였다. 꽹과리가 선두로 북이 하늘을 향해 소리치며 징이 땅을 울리며 여러 복장을 한 사람들의 농악놀이에 각종 응원의 장단이 어울려지면 그 뒤를 졸졸 따라다니지 않을 수 없었다. 어른들은 대회를 나가는 연습 때는 벼를 베어낸 빈 논이나 밭에서 하다가 마지막 연습은 항상 강변 밤나무 숲 아래였다. 그럴 때는 온 동네 사람들이 응원하거나 구경으로 손뼉과 환호를 보내고 음식을 장만해 푸짐하게 나누어 먹던 공존의 강변이었다.

　겨울이면 작천 들판도 얼기 시작한다. 작은 논도 얼음지치기의 빙판이 되기 시작하면 아이들은 어른들이 만들어주는 앉은뱅이 썰매로 겨울을 지치기 시작한다. 벼를 베어낸 뿌리들이 얼음 중간 중간에 박혀 있으면 신나게 달리다가도 넘어지기가 일쑤였다. 또한 신나게 달리는 스피드 감을 맛보기는 어려웠다. 날이 꽤 추워지면 영강도 꽁꽁 얼었다. 그러면 썰매를 들고 너도나도 강으로 달려갔다. 풍요로운 들판을 달리듯 강 위를 종일 지치고 지쳐댔다. 영하의 추운 날씨에도 아랑곳 땀을 내기가 일쑤였다.

봄이 되면 강물은 풀어진다. 아지랑이가 아련하게 피어나고 강가 버들강아지가 움을 트고 얼었던 강물이 녹아내리고 강기슭 천변에 개나리 노란 색깔이 보일 때면 영강은 맑은 이슬처럼 빛나곤 했다. 강변에 내리는 봄볕에 윤슬은 더욱 반짝거렸고 가끔 날아오르는 물총새들은 새로운 약동의 힘찬 발길질을 하곤 했다. 나에게는 영강의 여러 새 중에서도 지금도 그리운 새가 있다. 강변 옆 덤성어리에 절벽에 살던 청호반새다. 그 새의 이름을 알기에는 무척이나 오랜 세월이 흘렀다.

여름이 지나고 가을로 접어드는 계절로 기억된다.

학교를 파하고 돌아오는 길목이었다. '덤 성어리'를 지나는 순간 작은 새 한 마리가 강변 쪽에서 날아와 절벽 위로 날아올랐다. 언뜻 검은색의 작은 새 한 마리, 찰나의 시간을 두고 또 한 마리의 새가 날아올랐다. 눈을 들어 쳐다보니 두 마리의 새는 누가 먼저라 할 것도 없이 절벽 중간 지점의 바위틈 새로 들어가 버렸다.

"쿄로로로! 쿄로로로! 힘찬 소리와 함께 자그만 몸짓 하나가 쏜살같이 내려와 푸른 빛 화살처럼 내 곁을 스쳐 지나갔다.

"쿄로로로!, 쿄로로로! 한 마리가 내뿜는 그 떨림의 우렁찬 음성! 그 목소리로 인하여 우리 일행의 일렬의 행렬의 형태는 그냥 무너져 내렸다. 그때 후배 여학생의 목소리가 칼칼하게 들렸다. "절벽에 새가 살아. 절벽에 새가 살아." 그 한마디에 우리의 긴장감은 풀어졌다. 그 후 그곳을 지나며 그 새의 모습을 찾아 두리번거리곤 했다.

세월이 지나며 그 새의 이름이 '청호반새'라는 것을 알게 되었고 가끔은 나의 앞에 다른 장소에서 그 힘찬 날갯짓해 댄다.

새끼를 키우기 위하여 수컷 어미 새가 먹이를 구하러 나가면 암컷은 둥지 위를 빙빙 돌며 새끼를 호위하며 수컷이 죽으면 그 몸을 새끼에게 먹여 키운다고 하는 설이 있는 새! 자그마한 코발트빛 날개, 황갈색의 날개, 붉은 부리로 들판과 강변을 가로지르며 쉴 틈이 없이 부성을 향한 몸짓을 보여주는 그 새의 우렁찬 모습이 그리워진다.

사람은 살아가다 보면 어느 순간에는 귀소본능이 작용한

다. 어머니의 품결이 그리워지고, 아버지의 억센 손마디 아귀힘이 그리워지고, 아름답고 슬프게 살아나온 추억들이 솔솔 떠오르기도 한다. 사람마다 다르지만 그 추억을 떠올리기도 하고 가슴에 잔잔히 묻어 두기도 한다.

세월이 흐르고 시간이 지날수록 소설가 나쓰메 소세끼의 글이 생각나는 시절이 된다. '무사태평으로 보이는 사람들도 마음속 깊은 곳을 두드려보면 어딘가 슬픈 소리가 난다.'

고향의 강을 생각하면 언제나 슬프고 그리워진다. 곁에 두지 못한 그리움과 지난 세월의 이름다운 결들이 펼쳐지기 때문이다. 가끔은 가슴이 뻥 시원하게 강변에 힘차게 날갯짓하는 '청호반새'의 우렁찬 목소리를 흉내 내본다. '쿄료로로! 쿄로로로!

지금도 두 팔 베고 작천 들을 감싸고 흐르는 영강은 그리움이다.

# 금계국

싱그러운 푸른 계절, 따가운 햇볕이 시작되는 6월. 아름다운 남도의 항구 통영시로 가는 도로변에 노란 물결이 넘쳐난다. 온통 여름꽃 금계국 세상이다. 진주에서 통영으로 달려가는 고속도로는 거류산을 끼고 고성 넓은 들판을 가로질러 힘차게 달려간다. 수년 전 고속도로가 생기기 전 산기슭에 노란 색깔의 예쁜 유자가 유난히 많이 매달리는 밭이 있었다.

공사가 시작되면서 차츰 유자의 모습은 보기가 어려워졌다. "길이 뚫리면 편리하고 좋지만 유자가 견디어 나갈지 걱정입니다. 이 유자를 수확 아들딸 모두 키워냈는데." 유자 바구니를 건네주던 남도의 인심 후한 주인의 한숨처럼, 시원한 바닷바람도 따스한 양지의 햇살도 효과도 없이 차츰차츰 나무는 검게 변해가면서 시야에서 완전히 사라져 버렸다. 그 후 차창에 비치던 푸른 잎 사이로 빛나던 노란 유자의 모습들을 보고 싶던 연민으로 가슴 아파 본 적이 있다. 그 길섶에 언제부터인지 동그란 유자가 자그만 얼굴로 노란빛의 아름다운 금계국으로 다시 돌아왔다. 환생인가?

디지털 시대를 살아가는 우리는 과학 문명의 혜택으로 받는 무한한 편리함과 수많은 이익에 취하여 그에 반하여 상실되는 인간 본연의 모습들과 우리를 좌절하게 만들고 가슴을 아프게 하는 일이 얼마나 많은가? 기억도 생생한 아직도 건져 내지 못한 세월호의 아픈 잔재, 22년 만에 나타난 가습기 살균제, 강남역 묻지 마, 대한항공 갑질 사건, 스크린 도어 사건, 유명화가 대작 사건, 미세먼지 주범, 섬마을 단체 교사 성폭행 등 일어나지 말아야 하는 사건들이 너무도 쉽게 발생하는 사실에 전율을 느끼면서 한편으로는 포스트잇이 자리가 비좁을 정도로 붙여지고 서로 공존하고 동거하는 마음에 조금씩 마음의 생채기를 지우기도 하였다. 그러나 인간의 생명력보다 질긴 코로나가 물밀듯이 스며들고 지구상의 가장 큰 재앙인 전쟁이 어두운 장막 속에서 뛰어나와 햇살에 들어내 보일 때 절망의 늪에서 빠져나올 수가 없다.

약자를 제대로 보호하지 못하고 소수의 의견을 무시해버리는 위정자들의 해묵은 관례와 되풀이되는 물질 만능 이기심에 화가 치밀어 오른다. 시대의 화두처럼 정의로운 사회를 만드는 일은 불가능할까? 얼마 전 세상을 달리한 세기의 복서이며 인권운동가인 '무하마드 알리'의 말이 떠오른다. "불가능, 그것은 나약한 사람의 핑계에 불과하다." 절망적인 사회를 빗대어 약한 인간성을 강하게 질타한 희망적인 말이 아닌가? 인간다워지고 싶은 마음을 다시 배우고 싶다.

한 개인이 세상을 떠나도 세상은 그 한 사람의 세상으로 간주하지 않는다. 그 사람의 살아온 형태, 시대의 주위 여건, 남겨진 무엇으로 다양한 의미가 담기기도 하고 그냥 스러지기도 한다.

요즈음 우리네 주변에 일어나는 여러 죽음의 현상은 자연적인 현상보다 타인에 의하여 발생하는 사실이 너무 많다. 더욱이나 세월호 같은 집단적인 죽음 현상은 우리가 모두 짊어지고 가야 하는 인간 본성의 짐이 되어야 하지 않을까? 누구도 벗어날 수 없는 물질 만능 이기심이 만들어낸 빚, 어쩌면 인간성 회복으로 갚아야 할 업이 아닐까?

주위 사람들은 살아가는 것이 모두 너무 어렵다고 한다. 마음 놓고 걸어 다니기도, 마음껏 숨쉬기도, 먹기도 힘들다고 아우성이다. 이럴 때 가장 필요한 것이 위정자, 또는 지도자들이 보여주는 희망의 선물이 아닐까? 그들이 풀어 놓는 보따리들을 쳐다보며 기대감에 마음을 설레어본다.

 '금계국'의 꽃말은 '상쾌한 기분'이다. 여름의 싱그러움과 차창, 들판의 밝고 아름답게 빛나던 노란 유자의 환생처럼 나에게 다가온 금계국! 올여름은 어느 해보다도 무덥다는 기상대 예보를 시원하게 날려 보내고 상쾌한 마음의 희망을 솟아나게 하는 꽃! 지천으로 피어난 그 모습이 너무도 곱다.

# 누님의 등 '새터' 고개

어느 해 보다 무덥고 비가 많던 여름이 물러가고 서늘한 가을바람에 들판의 누런 곡식들이 살찌워진다. 숨이 턱턱 막히던 계절의 한 고개를 넘어간다.

내가 어릴 적 살던 고향은 세차게 달려가던 소백산맥이 발을 멈추고 숨 고르기를 하던 경상북도 문경군 최서북단에 위치한다. 이러한 지형적인 영향으로 사방은 온통 산지였다. 이러한 산지가 대부분인 지역에서 제법 넓은 들판이 위치한 곳이 내가 태어난 작천리였다. 진주같이 맑은 양산천과 영강의 푸른 물에는 얇은 은색의 피리가 살래살래 꼬리를 흔들고 거무스레한 갑옷으로 무장한 고디가 바위에 다닥다닥 붙어 있었다. 마을 앞 넓은 작천 들은 항상 누런 벼들이 바람에 넘실거리는 곡창이었다. 이러한 천혜의 고향에 살아도 고충이 있게 마련이었다.

읍내로 나가려면 한 시간 이상을 걸어야 했고 주위 다른 마을로 가려면 어느 방향이든 작고 큰 고개를 넘어야 했다.

작천리에서 '무두실'이라는 마을로 가려면 '무네'라는 작은 고개를 넘어야 했고 외갓집이 위치한 마을로 가려면 작천 들판을 지나 '새터' 고개를 넘어야 했다.

 삼 남매의 막내로 태어난 나는 태어나던 시절부터 다른 사람과는 특이했다. 내가 태어난 바로 다음 날 아버지가 세상을 떠났기 때문이다. 동네에서는 유복자나 다름없다고 얘기하며 아버지의 명을 바꾸어 태어난 애라 핀잔받기도 하였다. 졸지에 지아비를 잃고 청상과부가 된 어머니는 기쁨을 맛볼 겨를도 없이 슬픔과 고경의 고개를 걷기 시작했다. 여느 어머니들이 통상적으로 걸어가는 길이지만 혼자서 삼 남매를 키워가는 일은 쉽지만은 않았다. 더욱이 장남인 아들을 공부시키기 위하여 서울로 보냈으니 시골에서 그 뒷바라지를 혼자서 해내기는 여간 힘든 일이 아니었다.

 읍내에 장날이 되면 머리에 여러 곡식을 잔뜩 이고서는 아침 일찍 집을 나서서 어둑한 저녁 무렵 돌아오셨다. 그때마다 나는 누님과 함께 보내야 하는 시간이었다. 나와 네 살 터울인 누님은 몸은 말랐지만 당찼으며 내 눈에는 항상 어머니처럼 커 보였다.

 개구쟁이였던 나는 항상 누님의 뒤를 졸졸 따라다니며 개구쟁이 짓도 가끔 잘했다. 시골에서는 어린 여자애들이 놀이로 하는 것이 고무줄이나 공기놀이가 대부분이었다. 그런 놀이를 하는 누님에게 고무줄을 잘라버리는 횡포도 서슴지 않는 악동의 모습을 나는 쉽게 보이기도 했다. 누님의 친구들은 내가 나타나면 슬금슬금 피하며 누님과의 놀이를 그만두며 누님을 왕따 시키기도 했다. 하지만 누님을 독점하는 내 욕심에도 누님은 화를 내는 모습을 보인 적이 없다. 아마도 어머니의 아픔을 일찍부터 알고 있었던 모양이었다.

세월이 흐르면서 가계는 더욱 어려워지면서 어머니의 여러 일이 많아지면서 나를 돌보는 일은 누님의 일상이 되어버렸다. 어머니는 장날이 되면 "순이야, 용이 데리고 외갓집에 가 놀고 있어. 내가 나중에 갈 테니." 하면서 날이 새기도 전에 이른 새벽길을 나서곤 했다. 그 후 어머니가 장으로 장사하러 가면 나와 누님은 외갓집으로 향하였다.

작천리에서 외갓집으로 가는 길은 넓은 작천들을 가로질러 '새터'고개를 넘어야 했다.

'새터'고개는 아주 높지는 않았지만 한참이나 밋밋한 오르막 등성이를 올라야 했다. 좁은 산길을 지나 고갯마루에 오르면 양쪽에는 그렇게 넓지 않은 뽕밭이 있었다. 밭 가장자리에는 네 그루의 키 작은 뽕나무가 심겨 있었다. 그

뽕밭이 우리네 밭이었다. 그 마루에 다다르면 누님은 항상 "용아 이 밭이 우리 거야. 너 생각나지 어릴 때 엄마가 뽕잎 따고 콩밭 김 맬 때 너는 저 뽕나무 밑에서 잘 놀았어." "네 이름처럼 용하게 잘 놀았어." "포대기를 뽕나무에 묶어 놓고는 엄마는 일했지. 어떨 때는 네가 흙을 먹었다며 안타까워하기도 했지." 하면서 얘기하곤 했다. 하지만 나는 그 이야기를 항상 꿈결에 듣는 듯했다.

작천 집을 나서서 외갓집으로 나설 때면 나는 항상 신이 났다. 먼저 넓은 작천 들판을 이리저리 휘젓고 다니는 기쁨에서였다. 어떨 때는 달음박질치기도 하고 길옆에 피어난 예쁜 꽃잎들을 따기도 하고 가을이면 메뚜기가 뛰는 모습이나 코스모스가 바람에 흔들리는 광경들이 너무 좋았다. 그렇게 신이나 한참을 걷다 '새터'고갯길에 접어들면 다리가 아프면서 걷기가 싫어졌다. 자꾸만 걷다가 앉아 쉬는 시간이 반복되고 결국에는 누님의 등 뒤에 업혀진다.

이 세상에서 가장 행복감이 등 따습고 배부른 일이라 했는데 나는 거꾸로 따스한 누님의 체온에 젖어 들며 감미로운 잠결에 들었다. 그렇게 잠결에 취했다 깨어보면 어느새 외갓집 문 앞에 다다르곤 했다.

"꺼억 꺼억" 외갓집 거위가 뒤뚱거리며 나를 반기면 외갓집 할머니는 "이놈은 또 업혀 왔구먼, 순이 네가 또 고생했구먼,"하면서 누님의 머리를 쓰다듬었다. 그리고는 부엌에서 밤, 고구마, 옥수수, 등을 삶은 그릇을 우리에게 내어주셨다.

누님은 학교 공부 중에 산수 시간인 주산 시간이 교과과목에 들어있는 날은 항상 결석이었다.
그날은 나를 데리고 외갓집 가는 날이었다. 옛사람들의 잘못된 생각이 지금 은 무척이나 아쉬움을 느껴본다. 그 시절의 아픈 추억이다. 하지만 누님은 누구를 탓하는 모습은 한 번도 보 인적이 없다. 아마도 어머니와 닮은 모성애의 감정이 아니었나 생각해 본다.

'새터' 고개는 살아오면서 가슴에 잠겨져 있는 사랑의 따스한 고개다.

누님의 따스한 체온 속에 따스한 잠결을 이루었고 누님의 이름다운 희생의 모습을 기억하게 하고 고갯마루에 누님과 둘이 서서 어렵게 살아오신 어머니가 하얀 옥양목 치마를 나풀거리면서 자식에게 사랑의 모습들을 보이며 작천들 들판을 달려온 억척 어머니의 손에 들려진 색색의 호루라기를 받아 들고 가슴에 안기던 고개다.

 살아오는 길목마다 숨찬 고개들이 있었다. 그럴 때마다 힘이 되어주던 그 밋밋한 작은 오솔길의 '새터'고개.
 그 마루 꼭대기에는 지금도 누에가 사각사각 뽕잎을 먹고 뒹굴고 입술에 시커먼 색칠을 하면서 오디를 먹던 아이가 뛰어놀고 포대기에 묶여서 똘방거리던 간절한 눈망울이 누님의 부드러운 등에 업힌다.

## 돼지 껍데기

　　　　내가 태어난 곳은 경상북도 문경이다. 지리적으로 보면 내륙 깊숙한 곳이다. 고개 하나 넘으면 사방이 육지로 둘러싸인 충청북도에 다가간다. 산간벽지였다. 예로부터 말은 제주도로 보내고 사람은 서울로 보내야 한다는 어른들의 바람이었는지 살아가는 땅들의 지역 인연이었던지 우리나라 3대 도시에 모두 살아보는 행운을 가지게 되었다.
　초등학교 시절에는 서울에서 학교에 다녔다. 기억이 가물가물하지만 새파란 하늘을 보는 날이 별로 없었다. 언제나 내려앉을 것만 같은 회색빛 하늘과 그렇게 높지 않은 빌딩들이 즐비했지만, 항상 벽에 껴 있는 듯한 주위의 풍경들이 가슴을 답답하게 만들었다.
　젊은 청년시절에는 붉은 사과의 고장이라는 대구에서 꿈을 펼치게 되었다.
아름다운 사과와는 달리 분지라는 지역 특성으로 겨울이면 너무 춥고 여름에는 엄청 더웠다. 여름이면 아스팔트가 푹

푹 찌는 열기에 온몸이 녹아내리는 것만 같은 그런 도시였다. 이럴 때 가장 먼저 생각나는 곳이 푸른 물결이 넘치는 바다였다.

하얀 파도가 넘실거리며 밀려오는 시원한 바다는 대구에 사는 이라면 누구라도 가슴에 로망으로 간직하고픈 장소였다. 이러한 바다의 도시인 부산에 정착하게 된 인연은 갑작스러운 환경의 변화로 인해서였다. 등 떠밀려 내려온 느낌이 가슴 한구석에 자리 잡았다. 80년대 초 급작스러운 국가 질서의 변화는 나의 직장에도 큰 변화를 가져왔다.

직장 상사가 지방의 언론기관인 K 신문사 한 지국을 운영하고 있었다. 어느 날 회사의 장부를 가지고 조사를 받는 상사의 군 기관을 방문하게 되었다. 당시의 군은 모든 것을 좌지우지하는 힘을 가지고 있었다. 신암동 군부대에서 창고같이 허술한 장소에 책상 하나 의자 두 개만이 놓여 있는 모습을 보는 순간 머릿속이 오싹하는 느낌이었다. 그곳에 직장 상사는 보이지 않았다. 그날 이후 며칠이 지난 다음 회사에 출근한 상사는 지국을 닫기로 결심한 듯 사업을 정리해버렸다. 어느 날 갑자기 덩달아 실업자로 변해버렸다. 가슴이 답답하기만 했다. 그냥 어디론가 달려가고 싶은 심정이었다. 그렇게 가슴을 시원하게 적셔 보고 싶어 찾은 곳이 바다의 도시 부산이었다. 서민의 도시, 피난의 도시, 보통 사람들이 활기차게 살아갈 수 있는 부산이었다.

 부산은 먼저 6.25 전화를 겪지 않은 복 받은 도시였다. 아늑하고 따뜻한 인심이 넘치는 도시다. 대구에서와 달리 형편이 어려운 이들에게 꼭 필요한 의식주 중 하나인 거주지에도 월세로 살아갈 수 있는 환경도 제공되는 도시다. 바다에 대한 문외한이었던 나에게는 특별한 경험을 가지게도 만들었다. 해운대 바닷가에는 포장마차들이 즐비하게 늘어서 있었다. 간단하게 소주 한잔하며 삶의 피로를 풀어내는 자리로는 제격이었다. 처음 부산에 내려와 포장마차에 들렀다. 고갈비라는 메뉴가 보였다. 가장 저렴하여 소주 한 병과 고갈비를 안주로 시켰다 잠시 후 빨간 깍두기 김치와 갓 구워낸 고등어 두 마리가 쟁반에 담겨 나왔다. 한참이나 고갈비가 고등어 구이인지 몰랐던 나는 안주를 기다린 경험도 있었다.

 부산의 정중앙에 가까운 진양삼거리를 지나다 보면 로터리 한쪽에 운동화 한 켤레가 조경물로 조성되어 있다. 부산이 신발산업의 메카였던 시절을 떠올리게 한다.

 한창 세간에 민주화의 열풍이 몰아치던 80년대 신발업체의 선두를 달리던 회사에 근무할 때였다. 신발업이란 많은 공정이 소요되는 노동 집약 산업이었다. 한 켤레의 신발이 만들어지기까지는 수십 또는 수백 개 이상의 부분 공정을 거쳐야만 했다. 한 분야마다 세밀한 기술과 기능 또는 손길이 가는 일이 필요했다. 더욱이나 대량생산 즉 유명메이커 상표의 제품들을 소비자 기호에 맞추어 생산해 내기란 여간 까다로운 일이 아닐 수 없었다. 또한 구매자의 입맛에 맞추어 수출하려는 상품을 만들기는 회사와 근로자 모두가 한마음이 되어야 했다.

그 당시 나이키 리복 등 유명 고급 스포츠 신발을 대량으로 생산하는 회사는 근로자들이 많이 필요했다. 졸업 시즌이 되면 자연 인원 수급을 위하여 직원들을 시골 작은 학교를 위주로 회사를 선전하여 인원을 보충하기가 일쑤였다. 갓 중학교를 졸업하는 시골 학생들에게 꿈을 주는 이야기들은 회사 일하며 기술을 익히고 돈을 벌며 또한 야간에는 공부시켜준다는 달콤한 유혹은 많은 이들의 환심을 사기에는 충분했다. 그렇게 많은 근로자가 회사원이 되기도 하고 직장을 갈망하는 많은 근로자가 매일 회사 정문에 모여들었다.

가장 많은 근로자일 때 만여 명을 회사는 넘기고 있었다. 그야말로 주변이 모두 신발업을 하는 인구로 들썩거렸다.

회사는 기숙사 대신 회사에 종사하는 직원이나 감독자들에게 시골에서 올라온 신입자나 새로이 입사한 이들에게 숙식을 제공하는 하숙이나 자취생활을 하게끔 자리를 마련해 주거나 안내해주는 일을 강요하다시피 독려하기도 했다. 또한 야학이라는 학교는 공부를 마치고도 새로이 검정고시를 쳐야만 고등학교 자격을 부여해주는 일시적인 위탁학교에 지나지 않았다. 이러한 문제점은 나중에 근로자들의 불만을 일으키는 농성 사태의 한 조건이 되기도 했다.

회사 주변은 먹거리도 풍성했다. 가장 생각나는 음식이 돼지 껍데기집과 치킨 음식점이다. 예로부터 사람들은 먼지를 이기는 음식은 돼지고기 요리였다. 고무 냄새와 온종일 씨름을 하고 나서 회사를 나서면 동료들과 삼삼오오 껍데기 집 앞에서 발을 멈춘다.

까슬까슬한 돼지껍질과 뭉특뭉특 커다랗게 썰어 고추장과 비벼진 안주가 뜨겁게 쟁반에 받쳐지면 모두 소주 한 잔을 들이켜며 하루의 힘든 일과를 쉽게 넘기곤 했다. 한술 더 떠서 고마운 사실은 매일 매일 장부에 기록하며 외상으로 마음껏 먹을 수 있다는 부산 아줌마의 넉넉한 인심이 더했다. 또한 작은 골목길 옆으로 늘어서 있던 통닭집에는 여성 근로자들이 매일 바글바글 했다. 회사 월급날이면 외상값을 받으려는 주인들이 진을 쳤다. 월급날 이후 며칠 동안은 식당들이 외상값을 갚으려는 사람과 또한 고마운 인사로 새롭게 맛있는 음식을 만드는 주인들의 활짝 웃는 모습들이 너무도 보기 좋았다.

비가 오는 날이면 퇴근 시간에는 우산을 챙겨온 하숙집 주인들과 동료들의 모습들이 경비실 앞에는 북적거렸다. 어떤 하숙집 주인은 스무 개가 넘는 우산을 들고 하숙생을 기다리기도 했다. 아침저녁의 정문은 언제나 바쁜 일상이었다. 수십 대의 통근 버스가 사열하듯 아침에는 입구로 들어서고 저녁에는 근로자를 태우고 빠져나갔다. 또한 명절이 되면 더욱 압권이다.

각 지역으로 가는 귀향 버스에는 선물 꾸러미를 움켜쥔 근로자들이 환한 웃음으로 버스에 오르고 예쁜 한복을 입은 직원들이 버스 양쪽에 도열해 귀향 근로자들을 배웅하고 또 돌아올 때 정겨운 얼굴로 맞아들였다.

서로가 조금씩의 차이는 있었지만 그것이 큰 문제가 되지 않았다. 서로가 보듬어주고 고경을 서로 참아가며 잘 살아가고 있었다.

이러던 회사에도 바람이 불어왔다. 민주화의 열풍이 스며든 것이다.

회사에서는 많은 물량의 수출품과 고가의 제품에 해당하는 품질이 요구되는 시점이기도 했다. 또한 유명 제품 바이어들의 요구조건과 갑질은 늘어가기만 했다. 신발 완제품을 검사하는 바이어들의 행동들은 엄격했다. 하얀 색깔의 운동화 완제품이 맘에 들지 않는다며 신발의 앞부분에 볼펜이나 매직펜으로 불합격 체크 표시할 때는 수백 개 공정이 한 번에 허물어지는 아쉬움에 가슴을 치기도 했다. 이럴수록 회사는 품질의 중요성을 위해서 품질관리 활동의 하나로 zd 운동을 시작하고 작은 인원들이 모여서 의논하고 문제점을 해결하는 분임조 활동을 강화시켰다. 이러한 소규모 활동들은 회사의 제품생산이나 품질 향상에도 큰 이바지를 했지만 모여서 의논하는 횟수가 많아질수록 개인의 삶을 들여다보거나 회사의 여러 결점 부분이 드러내 보이는 시간이 되기도 했다. 당시만 해도 동종업체의 대우로는 최고의 노동 조건의 회사인 것을 회사의 간부들이나 근로자들 모두 함께 어느 정도 공유 인식하고 있었다. 하지만 변화를 바라는 근로자들의 마음은 작은 회합이 잦아들수록 커져만 갔다.

 '인간은 본디 높은 곳을 향해 날아오를 수 있는 날개를 지녔다'라는 톨스토이의 말처럼 근로자들은 날아오르고 싶었다. 그 첫 번째가 의식주였다. 불만들은 요구조건으로 변하기 시작했다. 회사에 입사 권유받을 때 약속받았던 기숙사 문제가 나오기 시작했다. 또한 회사에 식당을 요구하기 시작했다. 도시락을 싸 오지 못하는 근로자들이 매일 점심시간이면 줄을 서서 국수를 먹고 그마저 신통치 않으면 빵 한 개와 우유 한 병으로 요기를 채워야 하는 배고픔의 서러움을 이야기하기 시작했다. 자기 자신이 하루 해내는 일의 가치를 따지기 시작한 것이다.

'행동 없는 결의는 허언이다. 맹세는 실천이 되어 결실한다.' '성실한 사람이란 행동하는 사람이다.'라는 말처럼 근로자들을 행동을 시작했다. 농성 사태가 발생하였다.

되돌아보면 지금처럼 시위문화가 발달 조직적으로 회사에 무엇을 요구하는 그런 농성이 아니고 그간의 쌓인 불만들, 가장 기본적인 처우 개선 문제를 제시한 농성이었다. 회사에 제시한 요구조건을 몇 가지 살펴보면 잦은 잔업으로 너무나 많은 피로가 쌓이는 신체적인 어려움, 야간 일로 인하여 야간 공부하지 못하는 학생 근로자들의 개선, 기숙사 설립, 구내식당 설립 및 생산 단가에 따른 시급 인상이었다. 나 자신 중간 감독자로서 그 자리에 동참하게 된 것은 아마도 야간작업의 피로에 쌓인 학생 근로자가 재봉틀

바늘에 손톱을 끼여도 손가락에 붕대를 감고 일하는 모습을 외면할 수가 없었다.

짧은 기간의 농성이었지만 많은 변화를 가져왔다. 나에게는 몇 개월 후 해고라는 처분이 내려졌다. 새로운 삶의 터전을 찾아야 하는 아픈 시련의 시간이었다. 그 후 얼마 동안 승승장구하던 신발업체는 새로운 발전도상국인 인도네시아, 베트남 중국으로 건너가기 시작했다.

돌아보면 우리 부산 신발업체의 쇠락은 너무도 안타까운 일이 아닐 수 없다. 바다를 품고 있는 해양도시이지만 그만큼의 인력들을 소비하고 도시를 풍요롭게 하는 사업은 보이지 않기 때문이다. 떠나는 인구는 늘어나지만 들어와 살려고 하는 인구는 줄어드는 현상이 부산을 사랑하는 한 사람으로 너무나 가슴이 아프다.

신발업체의 대강을 차지하던 큰 회사들의 자리에는 높다란 아파트가 밀집해 들어서 있다. 꼬불꼬불 골목길은 사라지고 작은 껍데기 가게도 통닭 치킨집도 사라지고 말았다.

한 집 건너 소리 나던 재봉 기계 소리도 멈추었고 대형의 통근 버스도 보이질 않는다.

몸은 예전보다 편해졌는지 모르지만 마음 어딘가는 허전해진다.

그래도 오늘을 사는 부산의 나의 생활은 평안하기만 하다.

그만큼 부산이 좋다.
까슬까슬한 돼지 껍데기를 마주한 옛사람이 그립다.

## 매화와 팔불출

　　　　어둠이 가시지 않은 새벽, 아내는 언제나 나보다 먼저 일어나 내 도시락을 싼다. 단 한마디의 불평도 없는 그 배려와 지극한 정성에 나는 또 팔불출이 되고 만다.

　2009년 2월, 찬 겨울의 여운이 봄기운에 서서히 사라지던 날이었다. 그날 하늘은 이상스러우리만치 잿빛이었고 날씨도 스산했다. 위궤양 결과가 나오는 날이었다.

　"50원짜리 동전만 해요, 절제만 하면 됩니다." 의사는 덤덤하게 말했다. 위암이었다. 어째서 나에게 이런 일이 찾아온 것인가 싶어 설움이 차올랐다.

　1990년대 후반, 시대의 그늘에서 사업에 실패해 건설 근로자로 하루하루를 견뎌 온 나였다. 아내도 생계에 뛰어들어 함께 빚을 갚아 왔다.

　수술 후, 입원 동안 아내는 병원비 마련에 분주히 움직였다. 300만 원 정도였지만 우리는 그마저도 어려운 형편이었다.

그러나 하늘이 무너져도 솟아날 구멍은 있다고 하지 않았던가. 어느 날 아내가 웃으며 병실로 들어왔다. "여보, 보험금을 130만 원이나 지급한다고 하네요!"

매월 만 원 남짓한 보험료에 가입한 지도 얼마 안 된 보험이 이렇게 마음을 푸근하게 해 줄 줄이야! 어려울수록 내일을 준비하는 아내의 지혜가 없었다면 얼마나 오래 가슴앓이했을까? 생각만 해도 아찔하다.

요즘도 아내는 도시락을 싸면서 위장에 좋다는 매실 한 병을 꼭 챙겨 준다. 그러니 나는 팔불출이 되지 않을 도리가 없다. 생각해보면 아내는 늘 겨울을 이겨내는 매화였다.

'너로 인하여 나의 겨울은 갔다/ 잔설 이고 선 고고한 모습에/ 흐트러진 몸짓/ 멍해진 나의 눈망울을/ 싱그럽고 생기 있게 만들고/ 화사한 너의 자태/ 굳어진 나의 얼굴에 미소를 만들고/ 은은한 너의 향기/ 잔잔히 가슴에 스며드네/.

# 솥뚜껑

　　　　　수명이 많이 연장되어 백세시대를 앞두고 있다고 모두 쉽게 얘기한다. 도심의 쌈지공원에는 노년의 사람들이 늘어나고 경제적인 어려움을 느끼며 조금이라도 생활에 보태려고 폐지나 재활용품을 수거하는 노인들을 자주 접하게 된다. 어느 날 작은 손수레에 빈 종이상자를 몇 장 올려놓고 고물상으로 가는 나이 든 어르신을 발견했다. 맞은편에서 또 다른 한 사람이 빈 수레를 밀며 힘이 무척이나 빠진 얼굴로 걸어오고 있었다. 두 사람은 서로 안면이 있는 듯 마주치는 자리에서 서로 길 가장자리에 주저앉았다.

"오늘 많이 주웠어요?" "고물상에서 값은 좋게 줍디까?" "아니. 어디 우리만 있나요? 가져오는 사람이 얼마나 많은데. 그리고 고철값이 또 내렸다나요?" "고철값이 또 내려요? 그놈의 고철이 종이와 무슨 상관이 있는지?" " 하여튼 '솥뚜껑'이라도 하나 발견하던지, 무슨 수를 내야지 살겠네요."

솥뚜껑! 무언가 찡하게 밀려오는 단어다. 어머니가 생각난다. 어린 시절 내가 살던 시골은 산간벽지였다. 대다수 집들은 초가지붕과 넓은 마당, 그리고 깊은 부엌이 있었다.

부엌을 '정지'라 불렀다. 아늑한 정지는 엄마가 살던 터이고 삶의 전체였다.

그곳은 금남의 지역이기도 했다. 특별한 일이 아니고는 어머니는 쉽게 출입하지 못하게 했다.
"머슴애가 정지에는 왜 들어오노? 공부나 해라. 출세하려면 공부, 빨리 방에 들어가 책이나 읽어라. 산수보다는 국어, 알겠나? 큰 소리로 읽어라. 솥뚜껑이 들썩이도록, 알겠나?"
어머니의 생활 터전이었던 정지에는 두 개의 가마솥이 나란히 걸려있었다. 새까만 얼굴에 가느다란 두 개의 선이 그려진 솥뚜껑은 언제나 반질반질 윤이 났다. 하얀 행주로 끊임없이 쓰다듬은 어머니의 손길 때문이었다. 어둑어둑한 정지에서 하얀 햇살에 빛나는 검은 솥뚜껑의 아름다움은 특별한 느낌을 주었다. 또한 뚜껑을 열면 그윽한 향이 물씬 풍기는 하얀 쌀밥이 김을 내뿜으며 솟아오르곤 했다. 가끔은 노란 옥수수, 붉은색의 고구마, 감자 등이 함께 뒹구는 그 모습들을 기웃거리다 귀에 못이 박히도록 듣던 목소리가 그리워진다.

가을이 오면 초등학교 운동회가 열린다. 그럴 때는 꼭 차출되는 가마솥이 있다. 학생들이 즐겁게 하루를 보내는 시간은 모든 사람이 함께하는 풍요의 제전이다. 운동장 한 귀퉁이에는 임시 부뚜막이 되는 큰 돌 몇 개 위에 커다란 가마솥이 걸리고 돼지국밥을 끓여진다. 솥뚜껑은 아낙네들의 부침개용으로 가마솥 옆에서 다른 돌멩이에 얹혀 배를 뒤집고 누워서 파전을 구워내는 또 다른 뜨거움을 하루 종일 버텨내야 한다. 가마솥과 뚜껑은 뜨겁게 익혀내고 구워지는 역할을 너무도 잘 해낸다. 뜨끈뜨끈한 국밥을 즐겁게 먹고 부침개를 둘둘 말아 한 입으로 가져가는 이들의 즐겁고 흥겨운 모습을 지켜보면서.

수년 전 혹독한 경제위기에 온 나라가 어려움을 겪었다. IMF이라는 국가적인 환란에 많은 기업이 쓰러지고 수많은 일꾼이 실업자 신세가 되었다. 자연스레 사람들은 저렴하고 배부른 식당이나 술집을 찾게 마련이다. 대구 반월당 골목에는 특이한 술집이 하나 있었다. 간판도 없는 막걸리를 파는 집이다. 허름한 집 구조와 때 묻은 창에는 '왕대포'라는 글자만 쓰여 있었고 포장도 되지 않은 바닥은 군데군데

움푹 패여 있었다. 구석에는 시골 장독 같은 커다란 술 항아리가 자리 잡고 있었다. 금방이라도 넘어갈 것 같은 의자는 세월의 깊이를 말해주고 귀퉁이 차곡차곡 쌓여있는 놋그릇 술잔들은 미묘한 감정을 느끼게 했다.

 놋그릇과 왕대포 잔술집, 이 집에는 온통 누런 황금 색깔이다. 주전자, 술잔, 젓가락, 막걸리, 깍두기 등 안주가 또 별나다. 도루묵, 꽁치, 깍두기 김치가 전부다. 주메뉴는 도루묵이었다. 사람들은 쉽게 이 술집을 '도루묵'집으로 불렀다. 시어머니와 며느리가 함께 운영하는 가게는 역할 분담이 철저해 보였다. 시어머니는 솥뚜껑 위 가장자리로 도루묵과 꽁치를 일렬로 가지런히 구워내며 계산을 담당하고, 며느리는 손님들의 부름을 담당하며 서빙을 한다.

 막걸리 한 잔에 안주로 도루묵 한 마리, 두 잔째부터는 안주가 꽁치로 바뀐다. 순서가 틀리는 일도 없다. 계산대 옆에는 구멍이 숭숭 뚫린 바구니가 놓여 있고 지폐가 수북수북 쌓인다. 만 원짜리 지폐는 시어머니 주머니 속으로 직행한다. 이러한 일들이 사십여 년 계속 되었단다. 언제나 손님들이 만원이었다.

 그곳에서 하루의 귀한 품삯을 송두리째 서로 내려고 실랑이하는 모습들을 쉽게 발견했다. 어쩌면 공짜로 내놓는 도루묵과 깍두기 때문일까? 주인은 손님에게 손해를 보지 않는 기분을 만들어주고, 안주가 도루묵에서 꽁치로 다시 도루묵으로 바꾸는 이유는 항상 새로운 맛을 손님에게 드리는 변함없는 작은 정성이라 했다. 그 작은 정성을 상술이라 치부해 버릴 수 있을까? 주인과 객의 균형을 맞추려는 작은 정성, 어려움에 쉽게 주머니를 비워 서로 아픈 생채기를 지워가는 모습들, 그 속에서 균형을 이루어내는 힘을 발휘하게 만드는 잘 눈에 보이지 않는 솥뚜껑을 발견해내어야 한다.

그 술집을 지탱하는 힘은 도루묵과 꽁치를 구워내는, 공짜와 실리의 절묘함을 만들어내는 철로 만들어진 가마솥 뚜껑이 아닐까? 더욱이나 공짜로 구워내지는 도루묵은 '말짱 도루묵'이라는 재미있는 어원을 만들어낸 고기이다. 한 마리 한 마리 등위에서 구워져 손님들의 입으로 나아가는 모습에 솥뚜껑은 다음 차례인 꽁치가 맛나게 구워지기를 기다리고 눈을 부릅뜨고 숫자를 셈하고 있지는 않았을까?

어머니 정지의 솥뚜껑이 반질반질 빛이 나고 있었다면 처가 장인이 관리하던 가마솥 뚜껑의 형태는 보잘것없었다. 거무튀튀한 색깔에 군데군데 지푸라기가 누룽지처럼 달라붙어 있곤 했다. 가끔 낮에 들리면 항상 빈 솥의 형태로 물만 가득하였다. 쇠죽을 끓이던 솥이었다. 어둠이 채 가시진 새벽이나 어둠이 내려앉는 시간이면 으레 장인은 그곳에 자리 잡았다. 모두가 잠든 새벽 시간에 언제부터 끓인 쇠죽인지는 모르지만 눈을 뜨면 쇠스랑으로 뒤적이며 소에게 줄 여물을 꺼내곤 했다. 또한 저녁 으스름해지면 지게 위에서 내린 장작더미를 가마솥 큰 아궁이 속으로 집어넣는 모습을 자주 본다. 군불 넣는 솥뚜껑 같은 투박한 손과 툭툭 불거 나온 손마디를 발견하곤 눈시울이 뜨거워졌다. 또한 말없이 소여물을 뒤적이는 모습에서 깊이를 알 수 없는 가을의 아버지를 발견한다. 어느 날 눈에 젖은 사위의 신발을 아궁이 한 편에 세우고는 눈을 떼지 못하시던 가르침은 오래도록 가슴을 시리게 했다.

어머니의 솥뚜껑!
아버지의 솥뚜껑!
세월을 이어오는 안과 바깥의 동전 양면이 된다.

# 봄은 '소생'이다

봄을 시샘하던 겨울의 긴 자락이 끝나가고 있다. 자그만 꽃밭에 여린 새순들의 몸짓들이 새삼 반갑기만 하다. 또한 차가운 겨울을 피해 여행을 떠났던 작은 화분들이 하나둘 모이기 시작한다. 큰방, 작은방, 거실, 화장실 등 겨울의 피난처에서 제자리로 돌아온다. 따스한 햇볕, 실바람, 어디선가 잊어버렸던 나비 한 마리 함께할 봄! "겨울은 반드시 봄이 된다." 봄에 대한 찬가는 너무나 많지만 그중에서도 나는 "봄은 소생이다"라는 찬가를 부르고 싶다.

내가 좋아하는 허브의 한 종류인 로즈메리와 라벤더가 있다. 거제도 작은 마을에서 엄지 손마디같이 굵은 로즈메리 줄기에서 피어난 보랏빛 꽃의 아름다움과 잎들을 흔들 때마다 풍겨내는 향기에 반해 좋아하기 시작하였다. 그러다 보니 비슷한 향을 뿜어내는 라벤더까지 함께 가꾸기 시작했다. 하기야 가꾸는 것이 아니라 그냥 옆에서 지켜보면서 아침저녁으로 잎을 쓰다듬으며 상큼한 향을 취하기만 하였다. 가끔 물을 뿌려주는 일 외에는 별로 한 것이 없었다. 하지만 두 화분은 항상 내 옆에서 잘 자라 주었다.

봄은 '소생'이다

두 화분도 지난 삼 개월 각자 다른 방으로 겨울 여행을 떠났었다. 지난겨울 어느 날 잊지 못 할 일이 나를 찾아왔다.

아내가 쓰러졌다.

둔탁한 기계소음 소리 속에 들려온 전화 한 통 "나 지금 요로결석인 것 같아요, 진통제 맞고 종합병원 갑니다." 요로결석으로 병원에 입원한 경력이 있는 아내, 산고의 고통보다도 더 아프다며 결석의 고통을 얘기하던 아내의 모습이 눈에 선하다. 다행인가? 진통제 효과로 통증은 덜한지 참을만하단다. 우선 시티 결과를 통해 쇄석치료 결정하고 담당 교수에 의뢰키로 하였다. 허나 담당 교수의 진료를 위해서는 하루 기다려야 했다. 아내는 저번 결석 치료 시의 경험으로 바로 입원을 요구했다. 다음날 결석을 쇄석하면 된다는 의사의 말에 집으로 돌아왔다.

집에 돌아온 잠시 후 병원에서 응급 전화가 걸려 왔다. "환자가 쓰러졌어요, 가족이 옆에 있어야겠어요."

침대에 누워있는 아내의 모습에 넋이 나갔다. 산소 호흡기를 꼽고 팔과 다리에 꽂혀있는 링거주사기가 바늘과 가슴에 붙어있는 심전도 검사 기계, 분주하게 움직이는 간호사들의 모습들에 나 자신도, 딸애도 얼굴이 하얗게 될 수밖에 없었다.

"이 경희 씨 들려요? 제 목소리 들려요?" "눈을 떠 보세요. 제가 보여요?" 다급한 간호사의 목소리가 천둥소리처럼 들려온다. "예" "예" 아내는 희미하나마 강한 의지의 대답을 한다. 간호사가 나에게 말했다. "다행입니다. 정상으로 돌아오고 있어요. 정말 위험했어요. 혈압이 40으로 내려가고 잠시 동안은 심장 맥박도 멈췄어요, 정말 위험했어요. 교수님과 계속 체크 중이니 안심하셔도 됩니다."

그날 밤 아내의 팔목을 잡고 뛰는 맥박의 강약에 마음 졸이며 몇 번이고 간호수를 불러대는 일밖에 할 수 없는 간사하고 무기력한 인간이 되어 나 자신이 신봉하는 신을 찾아 헤매고 있었다. 아내는 차츰 회복되었으며 각종 검사에서도 결과가 너무 좋고 결석도 어디론지 사라져 버리며 일주일 후 퇴원하기로 하였다. 인간의 수명은 정해져 있는가? 불교 가르침에 '갱사수명'이라는 말이 있다. '부처에게 수명을 연장받는다.'

세면하고 양치질 후 갑자기 모든 것이 희미해지고 쓰러지며 정신을 잃었다며 아내는 말했다. 입원실 입구에 있는 세면실 바로 앞에는 간호사들이 근무하는 자리였으며 그날따라 응급실 전문 간호사들이 근무하여 신속히 아내를 진료 처치하여 아내를 살린 것이다. 주위의 모든 사람, 환경 모두가 부처이다. 나 자신도 함께 '갱사수명'하였다. 혼자 남는 삶에 의미를 찾는 것은 팔불출 같은 나에게는 무의미한 일이다.

작은방에 겨울 여행을 온 허브꽃 라벤더가 봄을 앞두고 지고 말았다. 부주의한 나의 관리 소홀로 인하여 죽게 만들었다. 무관심의 결과였다. 로즈메리와 함께 생명력이 강하고 잘 자란다는 선입견이 있었다. 로즈메리는 별도의 물 주기나 관리가 까다롭지 않았다. 통풍만 잘되고 가끔 잎들을 툭툭 치는 관심만으로도 너무 잘 자라 주었기에 비슷하게 향을 뿜어주던 라벤더도 따스한 봄을 맞을 수 있다는 생각뿐 이었다. 하지만 방 한쪽 외진 구석에서 스러졌다. 처음 구입하던 꽃집 주인 얘기가 떠올랐다.

"이 꽃 신기해요. 방에 한 3개월 놓아두면 사람을 살리고 죽어요. 자기 몸을 희생합니다. 하여튼 몸에는 좋다고 사람들이 많이 찾아요." 로즈메리나 라벤더 모두 향기를 뿜어내는 방법은 똑같다고 한다. 잎에 붙어있는 향기의 기름 주머니가 터지면서 향기를 낸다. 비정의 초목에도 십계가 구족한다고 한다. 툭툭 치든지 살살 쓰다듬던지 나 자기 행동으로 말미암아 얼마나 많은 깨짐의 아픔을 느꼈을까? 하지만 코끝을 간질이는 희열의 향을 느끼며 나 자신은 항상 너를 감싸고 사랑한다고 억지를 부린 것을 가슴이 먹먹해진다.

 나 자신도 겨울은 무척이나 싫다. 아픔이 많은 탓일까? 그 싫은 겨울이 지나고 봄이 왔다. 겨울의 하얀 눈 속에 향을 발하던 매화를 시작으로 지천에 봄의 꽃들이 피어나는 '소생'의 봄 속에서 새로운 라벤더를 찾아 떠나야겠다.

## 어머 울려고 그래

세간에 인기가 많은 예능 음악 프로그램이 있다. 신선한 기획과 참신한 신인 참가자들의 열정적인 참여 모습이 많은 팬을 TV 앞에 앉게 했다.

한 분야의 음악으로 선의의 경쟁을 해 가면서 성의를 다하는 아름다운 모습들은 나에게도 감동을 줄 만한 내용이 많았다. 그중에서 가장 기억되는 것은 노래를 부르는 가수가 아닌 심사위원의 말이 나에게 다가온 것이 새롭다. 어쩌면 똑같은 감성이 엉켜질 때 더욱더 가슴에 찡하게 다가오는 그런 것, 시적인 떨림이 아닐까 생각해본다.

어느 여 가수가 '가슴 아프게'라는 제목의 노래를 열창하고 있을 때 한 소절이 끝나고 마지막 소절을 부를 때 감정이 격해졌는지 눈가에 물기가 보였다.

"어머 울려고 그래." 화면은 마스트 여성 심사위원의 탄식하는 감정이 느껴지는 떨림의 목소리를 잡아낸다. 노래가 끝나고 나에게 남은 것은 그 한마디 밖에 기억이 되지 않는다. 조금 후 또 한 남성의 마스트 심사위원의 심사평이 압권이다.

"처음 노래를 부를 때 한 소절까지 그만큼 감정 있게 부를 줄 알았는데 꼭 그만큼만 부르더군요. 그리고 다음 소절에는 조금 더 감정을 조절해서 꼭 그만큼만, 천재적인 감정을 조절하는 최고입니다." 처음 '어머 울려고 그래'하며 탄식 어린 감탄을 하던 마스터의 심사평이 더 압권이다.

"마지막 소절을 부르며 격해진 감정을 참고 눈물을 참으며 노래를 끝내는 부분, 본인이 만약에 눈물을 흘려버렸다면 방청객들의 감성을 모두 지워버리는 상태를 만드는 일을 참고 마무리하는 모습을 무어라 표현할 수가 없네요."

울음은 사람의 감정을 격하게 만들며 떨리게 한다. 더욱이나 펑펑 우는 울음이나 눈물을 뚝뚝 흘리며 우는 모습은 잔잔히 눈가에 어리는 눈물보다는 여운이 적게 느껴진다. 이러한 여운이 느껴지는 눈물은 사람의 감정을 안정시키고 따스하게 만든다.

이러한 감정의 여운을 어느 한 시인 에게도 느껴보았다. 어느 봄날 은유는 힘이라는 주제로 강좌를 준비한 길에 관심이 많은 시인을 만났다.

시인이 걷는 길은 어떤 길일까? 궁금해진다. 자그만 체구, 엷은 회색빛 복장에 단발머리, 안경에 엷은 색깔의 머플러, 잔잔한 구름이 흘러가는 느낌의 시인의 첫 말 꺼냄은 시간의 중요성을 이야기한다. 새벽 5시면 일어나 걷는다고 한다. 걸으며 시상을 떠올린다고 한다. 좋은 시를 만나면 가슴이 먹먹해지며 그 자리에서 멈춰 설 수밖에 없는 격정의 심정이 된다고 얘기하며 다른 사람이 쓴 좋은 시를 만나면 시인으로서 절망을 느끼기도 한단다. 하지만 나는 '나'다라는 자부심을 가지고 자신만의 가치를 추구한단다. 2시간 동안의 강의에 한 번도 앉지 않고 서서 진행한다.

"성실로 상대의 마음에 뛰어들어야 비로소 흉금은 열리고 깊은 혼의 대화를 나눌 수 있다."는 어느 철학자의 말처럼 시인의 모습에서 성실이 느껴진다.

어느 맹아학교의 소년을 이야기하며 시인은 감정이 격해졌는지 경험의 기억을 떠올리려는지 눈가에 잔잔한 이슬이 맺히는 듯했다. 하지만 눈물을 떨구지는 않았다.
꼭 거기까지인 듯 보였다.

강의 시간 내내 자주 격정의 감탄사를 내 뿜었다. 조그만 일에도 감동하는 모습이 역력하다.

시인의 강의를 들으면서도 생각나는 말은 '어머 울려고 그래'였다.

울음은 우리를 동화시키고 고경을 이겨내는 힘의 원천이 된다.
그렇다고 천박하게 눈물을 허비할 수는 없다. 성의를 다한 격정의 울음을 참아내는 인내와 용기, 아픔을 이겨내며 참음의 아름다움을 토해내는 가수, 또한 그 감정을 심사해내는 심사위원, 삶의 한 부분을 올곧게 엮어가는 앎의 시인들, 그 속에서 나는 살아가는 힘을 얻고 울음을 참아낸다.
 시인의 글귀처럼
"먼 기찻길에서 들려온 기적소리.
 사과의 귀가 맨 처음 열린 곳에서 썩기 시작한다.
 익어가는 거야.

## 투명 인간

　　휴일이면 가끔 아내와 집 가까이 위치한 성지곡어린이대공원으로 산책하러 나간다. 하루하루를 치열하게 살아가는 틈새를 비워 자연과의 만남을 통하여 쉽게 잃어버리기 쉬운 일들을 기억하고 아름다움을 찾아가는 즐거운 시간은 언제나 즐겁다. 공원 내 학생교육문화회관에서는 자주 많은 행사를 한다. 부산 시내 초. 중. 고등학교 미술 선생님들의 작품전이 실시되고 있었다. 어린 시절 초등학교 미술 선생님이 떠 올랐다. 내가 다니던 초등학교는 시골이었다. 그 시절은 담임 선생님이 계셔서 모든 교과를 담당 가르쳤다. 그러나 음악과 미술은 별도의 선생님이 가르치셨다. 4학년 때로 기억이 된다. 음악과 미술을 함께 가리키시는 젊은 여선생님의 인기는 대단했다. 그러므로 선생님께 칭찬을 듣거나 꾸중을 들으면 어린 감정에 기복이 상하로 요동을 치는 일도 자주 있었다.
　　교내 미술부 소속으로 도내 미술대회에 참가하게 되었다.

실내 정물화 그림을 그리게 되었다. 탁자 위에는 빨간 사과 몇 개와 노란 주전자가 창문에서 비치는 햇살을 받으며 자리 잡고 있다.

학교의 명예를 양어깨에 짊어진 양 진지하게 그림을 그려 나갔다. 그리고 얼마 후 아침 조회시간에 특선이라는 상을 받으며 의기양양하게 서 있었다. 한동안 그 그림은 교실 뒤편에 한참 동안 의젓하게 걸려 있었다. 그때 느낀 희열감, 승리감에 나도 모르게 우쭐하기도 했다.

그리고 시간이 지난 어느 날 수업을 마친 후 미술 선생님은 나를 조용히 불렀다. "내가 해 줄 말이 있는데 실망하지 말고 들어 줄래" "저번 미술대회 정물화 너의 그림 내가 심사했으면 특선으로 해주지 않았을 거야" "왜냐하면 그 그림은 사실과 전혀 다르거든" "내가 같이 교실에 있었잖니" "햇볕이 왼쪽에서 들어왔으니 그림자는 오른쪽에 생기는 게 당연하잖니" "그런데 그 그림에는 그림자가 반대로 자리 잡고 있었어." 사실 그때 나의 눈과 마음에는 그림자가 보이지 않았다. 빨간 사과, 주전자. 탁자만이 자리 잡고 그림자는 대충 그려 넣은 것이다. 그때 선생님의 그 말은 나에게 너무나 충격이었고 한동안 부끄러운 마음에 스스로를 자책하게 했다. 하지만 그 선생님의 한마디는 가식을 버리고 진실을 찾아가는 삶의 자세를 조금이라도 가까이하려는 나 자신의 방향타가 되었기에 너무나 그리워지는 목소리가 되었다.

작품 전람회에는 100여 점의 그림이 전시되어 있었다, 한 작품 한 작품 너무나 귀중함이 느껴진다. 아름답고 감미로운 정겨운 작품명들이 적혀져 있다. 그 귀한 제목들을 한 번 적어 보았다.

'우포자 운영, 그 길에서. 폐목, 이 댁 딸은 외출 중, 오월의 꿈, 채근담구 ,쉼 ,긴 늪, 소박함, 봉암사, 가을날, 감나무 아래,꽃이있는정물,꽃향,하늘만큼,햇살,호수,겨울연가, 햇살가득한날,그리움,봄풍경,낙산일출,금당리,연,한번더봄,빛과그림자,해바라기,가을설악,바다를머금다,계곡의 물소리,귀천,그대를경외합니다,정겨움,사색의나무,이기대,산사로가는길,기다림,버킷리스트,열정,동백,희망,모란,다리아래물은흐르고,저문강,' 등 한 점 한 점의 그림들은 모두 자연이고 생활이며 꿈과 희망이 느껴진다. 옥의 티랄까? 몇 개의 전시 그림 옆, 또는 앞에 화려한 축하 꽃송이와 꽃바구니가 놓여있었다. 선생님들의 귀한 작품전에 제자나 동료 연고자들의 축하와 격려 손길이 느껴지지만 교육은 불평등을 평등하게 만들어가는 가치가 더욱 절실한 요즈음 현실에는 곱게 보이지 않는다. 화려한 꽃바구니가 그림을 초라하게 만들지 않을까? 창작자의 마음과는 너무 멀어 보이는 것이 나 혼자만의 우려일까?

얼마 전 유명인의 대작론이 들썩이더니 국가를 지탱하는 최고의 권력마저 대작론에 휩쓸려 나라가 어지러움을 느끼기도 했다. 진실 여부를 불문하고 우울한 마음으로 온통 주위가 회색빛으로 보이기도 했다. 사람들은 누구나 부유한 성공적인 삶, 깊은 성취감, 만족스러운 삶을 향하여 달려간다. 또한 그러한 모습들을 보면서 그 사실을 동경하고 닮아가려고 노력하는 것이 현대 자본주의의 보편적인 삶이다. 이러한 믿음이 깨질 때의 절망감은 무엇으로 치유할 것인가?

투명 인간들의 모습을 닮아가야 한다. 자기 홍보의 시대. 과시적 성공 문화를 거스르는 조용한 영웅들의 삶을 배워야 한다.

타인의 인정에 연연하지 않는 투명 인간들은 외부 세계로부터 인정받는 것을 버리고 무명으로 남아 스스로 만족감을 성취하여 자아를 발견 성취한다. 교묘한 술책으로 성공을 원하면 대개 헛발질로 끝난다. 올바른 종교나 철학이 수 천 년 외쳐온 것처럼 남들의 관심이나 칭찬이 아닌 스스로 충실감에 만족을 느끼며 성공으로 정의한다.

　단순히 평범하고 대접받지 못하는 일을 하는 사람이 아니다. 고도로 숙련된 기술 지식을 가지고 치밀하게 자기 자신에게 엄격하게 냉정한 평가를 내리며 높은 평가와 인정을 받는다. 포상이나 찬사를 거부하고 격려나 칭찬조차도 바라지 않으며 만족한 삶을 살아간다. 무거운 책임감을 느낀다. 예를 들면 마취 전문의들은 수술 도중 예기치 못한 상황이 발생할 때마다 수술실을 지휘하고 환자들의 생명을 지키는 장본인이나 실제로 환자에게서 찬사와 인정을 받는 것은 수술을 집도하는 다른 의사일 수도 있다. 눈에 보이는 책임과 권한만을 높이 사는 경향이 있다. 하지만 투명 인간들은 책임의 가장 순수한 형태일 눈에 보이지 않는 책임은 그들을 자극하고 대담하게 만들며 자신에게 성취감을 선사한다.

　이러한 투명 인간(인비저벌)은 우리 사회에 무수히 많다. 오래전 삶의 길을 바르게 가르쳐주신 미술 선생님, 전람회 전시 창작 선생님들도 그중 하나일 것이다. 이러한 인비저벌이 우리 사회에 존재하는 한 우리는 절망할 필요는 없다.

어쩌면 가장 가까이에서 항상 나를 주시하고 힘을 주는 내 아내와 가족들이 그 투명 인간의 주인공일 것이다.

# 2부
## 죄 짓고는 못 산다

머위
버려지는 것
실버 카 진입로
요즈음 공짜가 없어요
뒤집어 놓고 싶다
욕심이 배 밖에 나왔네
조선 감자
죄 짓고는 못 산다
처리하는 요령
황당한 민원

## 머위

　　　　메마른 겨울을 지나 계절이 봄이 되면 세상은 온통 파릇파릇한 기운이 돋아난다. 이러할 때 우리네 살아가는 생활에도 잔잔한 인정들이 솟아난다. 하지만 요즈음은 예전처럼 풋풋하고 정겨운 일보다는 각박한 생활상의 일들을 보는 일들이 많아지면서 마음이 허전해질 때가 많아진다. 경남 산청 지리산 기슭에 있는 일반 국도를 새롭게 아스팔트를 포장하는 공사 때의 일이다. 일반적으로 아스팔트 포장 작업을 살펴보면 오래된 도로를 절삭하여 그 절삭된 부분에 새로운 재료인 아스콘을 기계로 살포 작업을 한다. 기계를 이용하여 길고 많은 부분을 작업하려면 하루 수십 대의 덤프트럭과 수백 톤의 아스팔트를 필요로 한다. 또한 온종일의 물량 거리는 통상 수백 미터가 넘는 긴 거리의 도로를 작업해야 끝나는 경우가 허다하다.
　작업자들은 주위 풍경이나 작업 구간에 있는 마을의 인정이나 인심에 따라 그날의 공정의 피로도가 달라진다. 또한 주변에 펼쳐진 봄의 새로움은 기분을 더욱 업시켜주는 역할들을 해준다. 그중에서도 한몫을 해주는 것들이 봄나물이다. 그 봄나물에 '머위'라는 봄나물이 있다. 경상도 방언으로는 '머구'라고 부르기도 한다.

'머위'는 씁쓸한 맛이 독특한 봄나물이다. 끓는 물에 데친 뒤 된장을 얹어 쌈으로 또는 밥에 비벼 먹기도 하는데 입맛을 돋우는 나물이다.

산중의 도로가 작업 구간이어서 마을은 보이지 않았다. 작업을 하던 중 가장자리에 농장의 모습이 보였다. 아마도 말을 사육하는 제법 큰 농장인 듯 보였다. 길가로 가느다란 철선을 이용 경계선을 길게 드리워 놓았다. 그 옆으로 작은 도랑을 파서 물을 흐르게 하고 얕은 둑을 쌓아 두었다. 그 둑에는 여러 가지 봄 식물들이 자라나고 있었다.

"여기 보세요, '머구'가 엄청 많이 있네. 이 나물 엄청 맛있는 거야. 입맛을 돋우는 정말 좋은 나물인데 조금 뜯어 갈까?" "누가 재배하는 것 아니야?" "아닙니다. 그냥 여기저기 불규칙하게 있는 모양이 자연적으로 생긴 모양인 것 같아요." "그래도 요즈음 인심이 워낙 고약해서 괜히 민원 발생시키면 곤란해." "알았어요, 몇 잎만 뜯겠습니다." 젊은 친구는 도랑으로 들어가더니 둑에 있는 '머위' 나물을 몇 장 뜯더니 검은 비닐봉지에 담아 기계 위로 던져놓았다.

"나중에 쌈으로 먹어야지 요즈음 입맛이 없어서…" 문제가 발생했다.

"아저씨, 하시는 공사만 하시지 왜, 남의 농작물을 무단으로 채취하는 겁니까?" 삼십 대로 보이는 건장한 체격의 젊은이가 조금 전 '머위'를 뜯은 젊은 작업자에게 화난 표정으로 소리를 지르고 있었다. "아니, 도로 옆에 돋아 있는 나물 몇 개 뜯었는데 무슨 농작물을?" 작업자도 지지 않았다. "아니 도로 옆이라니요? 제가 심어 놓은 나물인데 무슨 소리 하는 겁니까? 주인 허락도 받지 않고 멋대로 하였으니 변상하십시오." "변상이라니 이게 어째 당신이 심어 놓은 겁니까? 그리고 겨우 '머위'잎 몇 잎인데? 어찌 그리 야박하게?" 젊은 작업자도 얼굴이 붉히기 시작했다. 팀장이 나섰다. "미안합니다. '머위'라는 봄나물이 너무 맛있게 생겨 우리 식구가 실수했으니 양해를 해주십시오. '머위'는 돌려드리겠습니다. 아마도 예전의 봄 인정과 인심에 생각이 짧았나 봅니다." 기계 위에 찌그려진 비닐봉지를 젊은이에게 건네었다. 젊은이는 퉁명스레 말했다 "공사나 잘하십시오. 제가 이 농장의 주인입니다." 젊은이가 사라진 후 팀장은 말했다. "거 보게 요즘 시골 인심도 쉽게 생각할 일이 아니야, 잊어버리게" "입맛이 싹 사라졌습니다." 덤프트럭을 몇 차를 비우는 동안 농장의 주변 거리가 사라지지 않았다. 거리가 제법 지난 지점에 농장의 정문 입구가 나타났다. 꽤나 큰 형태의 농장인 듯 정문 근처에는 도시 공장이나 다름없는 입구가 만들어져 있었다. 도로 가장자리로 배수로가 정리되어있고 입구에는 차량이 드나드는 넓은 입구가 도로와 경계를 두고 콘크리트 포장 도로로 정비되어 있었다.

우리가 작업하는 도로에서 농장 입구를 들어가려면 도로와 마주치는 부분이 편차가 많이 생겨 차량이 다니기에는 불편하게 만들어져 있었다. 도로와 입구를 정확하게 연결하려면 도로 가장자리에서 입구 오르막으로 몇 미터 아스팔트를 넓혀 시공하여 도로를 연결하든지 아니면 콘크리트를 이용하여 재작업을 해야 하는 형태로 생겨져 있었다. 팀장이 말한다.

"이거 어떡하지 재료가 많이 소요되어도 넓혀서 입구와 연결해주어야 하지 않겠나?" "안 됩니다. 아까 '머위'생각이 떠오릅니다. 절대 안 됩니다. 그냥 설계안으로 통과합시다." "아무리 그래도 인정상." "안 돼요. 그냥 통과 합시다." 젊은 작업자는 신이 나는 모습이었다. 그때였다. 농장 입구에서 지긋한 노년의 사람이 나타났다.

"수고 많으십니다. 작업 구간이 아니지만 저희 농장 입구

쪽으로 조금 넓혀서 포장을 좀 해주시면 안 되겠습니까? 제가 그에 대해 보상은 하겠습니다." "작업 규정상 곤란합니다. 어느 한 집을 해주게 되면 다른 집도 똑같이 작업을 해야 해서." " 이곳에는 우리 농장 이외에는 별도의 시설물은 없습니다." 젊은 작업자가 옆에서 한마디 한다. " '머위' 인심이 너무 사나워서" "'머위'? 그게 무슨?" " 그런 사연이 있습니다." "여하튼 제가 작업에 대한 대가는 해드리겠습니다. 부탁드립니다. 우선 커피 한 잔씩 하십시오. 애야, 커피하고 음료수 좀 가져오너라." "예" 건물 한편에서 한 젊은이가 걸어오고 있었다. 조금 전 얼굴이 붉게 상기되어 있던 그 젊은이였다 두 손에 들었던 음료수와 커피를 내려놓았다. 그런데 검은 비닐봉지를 슬그머니 기계 위에 두고 계면쩍게 웃더니 빠른 걸음으로 사라진다.

# 버려지는 것

　　뜨거운 태양이 등짝을 세차게 후려친다. 지구도 노년의 삶을 살아가는지 갈피를 못 잡는다. 5월에 폭염주의보를 보내더니 때아닌 우박을 쏟아 내기도 한다. 항상 난장에서 길을 만드는 일과를 하다 보면 기후에 민감하다. 더욱이나 아스팔트 공사는 한여름에는 무척이나 곤혹스럽다. 뜨거움과의 전쟁을 벌여야 한다. 아스콘 자체에서 발생하는 130도에서 160도에 이르는 높은 온도의 열과 자연적인 여름의 더위를 합치면 가히 살인적인 더위를 이겨야 한다. 이러한 환경의 어려움을 이겨야 하는 일 외에도 여러 난제가 수북하다. 그중에서도 스트레스를 가장 많이 받을 수 있는 여건들이 민원이다. 어떤 이는 공사는 밤에 해야 한다. 또 어떤 이는 소음으로 낮에 해야 한다. 교통이 막힌다. 등등 이루 말할 수 없는 시달림을 받는 공사가 아스팔트 포장이 아닌가 생각해본다.

　도심의 공사 중에는 항상 교통의 원활함과 안전을 위하

여 신호수를 배치한다. 붉은색 또는 노란색의 안전복을 입고 신호 봉을 들고는 여러 가지의 통제 또는 안내한다. 이러한 신호수들은 통상 일일 근로자 또는 임시 일용직이 대부분이다. 그런데 이러한 신호수들에게 지나가는 차량 운전자 또는 행인들이 보여주는 갑질의 행위는 무수히 많이 발생한다. 이러한 스트레스를 잠재우기 위하여 경남 거제시 작업 시 신호수를 개인택시 운전자들로 대체를 한번 해 보았다. 똑같은 신호수의 역할을 하였지만 반응은 너무나 달랐다. 차량 운전자의 불만도 행인들이 공사를 지켜보는 태도 자체도 너무도 판이했다. 신기할 정도로 어떤 민원도 발생하지 않고 모두 유순하게 자제하는 행동을 보여주었다, 무슨 이유일까?

   보이는 것에 길들여진 권력에 편향된 비굴한 모습들이 왠지 마음이 서늘해진다.

 아스팔트 포장 공사를 하는 인원 중 장비 기사를 빼고 작업하는 인원들을 은어적인 용어로 특공이라고 한다. 아마도 특수한 작업을 한다는 뜻으로 일반적으로 부르는 듯하다. 기계 설비를 이용하지 않으며 작업에는 가장 중요한 역할을 하는 섬세한 부분에 해당하며 자연적인 인간 본연의 노동의 힘을 발휘하여 해야 하는 신체적인 어려움을 담당

해야 한다. 대략 4명 정도가 한 팀이 된다. 각자 각자가 사용하는 기구에 따라 부르는 명칭도 간단하다. 기능과 경력에 따른 분류로 메기, 삽. 비. 등으로 구분한다. 메기는 쇠스랑이란 도구를 들고 이음매 접합 부분, 구배 평형성 등 주요 부분을 작업하는 가장 높은 기능을 필요로 하며 삽은 삽을 들고 불규칙한 부분 등을 평탄 또는 재료를 분배, 이동시키는 힘이 많이 소요되며 비는 가장 경험이 적은 사람이 정리 작업을 하는 일을 칭하며 또 한 사람이 여러 필요한 작업등을 돌보며 함께 어려운 일들을 해나간다. 비를 들고 작업하는 사람만 보아도 대충대충 비질하던지 너무 강하게 비질하여 도리어 가장자리의 부분을 망치면 엄한 꾸지람이 따르는 일을 보면 쉬운 일이 아닌 것은 틀림이 없다.

특공들의 작업을 보면 길을 만들어가는 가장 기본적인 인간의 노동이 눈에 들어온다. 아스콘의 주재료는 골재와 석분을 아스팔트와 함께 섞어 열로 함께 데쳐놓은 쉽게 생각하면 중국요리인 자장면을 떠올리게 된다. 적당하게 잘 섞어 데쳐야 한다. 골재의 두께 여부로 기층, 표층의 재료로 설정 도로에 포설한다. 입자가 굵은 재료는 기층에 가는 재료는 표층에 포설한다. 재미있는 현장 표현으로 기층은 남자 표층은 여자로도 비유하기도 한다. 얼굴 화장에 비교하면 표층 포설이 마지막의 부드럽고 아름다운 화장술로 비교된다. 어떠한 길을 만들어도 여러 가지 중요한 부분들이 함께하지만 그중에서도 이음매 부분의 작업은 중추적인 중요 작업부분으로 공사품질의 기본으로 정교한 기능이 요구되는 부분이다. 연결부분은 모든 길에 통하는 점이기에 두 개의 지점이 완벽한 엮음으로 일체가 되어야 한다. 그 작업을 기능으로 살펴보면 메기라는 명칭으로 토하는 최고의 기능을 가진 사람이 쇠스랑이란 기구를 가지고 연결부분의 골재와 석분을 끌어당겨 굵은 골재는 골라내고 부드러운 석분으로 얇게 접합 부분에 밀어 펼쳐서 양쪽 종이에 얇은 풀칠을 하듯 섬세하게 일정한 양으로 도포를 해야 한다. 그리고는 뜨거운 아스콘의 열기가 식기 전 신속히 쇠바퀴 로러를 이용 다짐하게 만드는 것이다. 뜨거운 열기가 없으면 접합이 되지 않는다. 또한 굵은 골재를 구분 분별하지 못하면 제대로 접합이 되지 않는다.

여기서 버려지는 굵은 골재들은 아무런 역할이 없는 불필요한 존재들인가? 이러한 연결지점의 작업 때는 주요 작업관리자는 어느 사람이든 통상 이런 말들을 한다, "굵은 골재는 잘 골라내어 버려주세요" "신경 좀 써주세요" "차가 달릴 때 편차가 생기지 않게 해 주세요" 모두가 옳은 말들이다. 접합 부분이 일정치 않거나 시공이 잘못되었을 경우는 도로의 역할은 할 수가 없기 때문이다. 그러나 연결부분에 자리하지 않고 있던 굵은 골재들은 길을 지탱하는 중추적인 역할을 수행하고 있으며 또한 석분과 분리되는 과정까지 아스콘 열기를 지탱하는 마지막 역할까지 충실히 수행하는 것이다.

'버려지는 것의 아름다움이 아닐까?' 아스팔트 포장은 작업 전 접착 유제를 살포하여 양생시킨다. 그다음 뜨거운 아스콘을 정밀한 기계를 이용하여 일정한 두께로 도로에 살포하여 골고루 펼침 작업과 다짐작업을 통하여 길을 완성하는 것이다. 차갑게 식은 접착제 속으로 뜨거운 열기가 스며들면서 엉키고 녹아내려 단단히 서로를 안고 뒹구는 힘찬 성의 작업이다. 보이는 모습 버려지는 모습 모두가 하나도 헛됨이 있어서는 이루어 질 수 없다.

오늘도 아스팔트가 지글지글 익고 있다. 도심 여름 아지랑이의 현기증으로 짠맛 가득한 소금을 입안에 털어 넣는다. 물도 벌컥벌컥 들이마신다. 가끔 6월의 푸른 바람이 이마의 땀방울을 닦아준다. 땀을 뻘뻘 흘리며 연신 삽질해대는 젊은 친구의 양어깨 근육이 너무도 아름다워 보인다.

"젊은 친구, 연결 접합 부분의 수평을 쉽게 확인하는 방법 가르쳐 줄까? 연결 양쪽 부분에 발을 다르게 위치하여 한번 서 보게나. 어때? 어느 방향으로 기우는지 본인이 쉽게 느껴지지 않나?" "눈으로 보는 일상과 몸으로 느껴보는 차이 어때 신선하지 않은가?" 우리는 살아가며 형평의 기울기를 바로잡으려 몸을 기우뚱거린다. 발밑에 받침대 밀어 넣으려는 행동보다는 스스로 어느 방향으로 올곧게 서려 하는 모습이 더욱 필요한 것이 아닐까?

 오늘도 버려지는 마지막 식어버린 굵은 골재가 아름다워 보이고 기울어지지 않는 평형의 시간과 장소에 서 있고 싶다.

## 실버 카 진입로

아스팔트 도로 정비의 형태는 여러 가지 종류로 분류된다. 그중에서 가장 빈번히 시공되는 형태는 원인자 제공 정비이다. 원인자 제공 공사란 여러 가지 용도로 도로를 굴착한후 필요에 따른 수요만큼의 절삭과 덧씌우기 작업을 통하여 원래의 도로 또는 지반으로 되돌려 놓는 작업을 말한다. 지리산 기슭에 자리 잡은 작은 마을에서 일어난 일이다. 풍광이 아름다운 산세로 인하여 마음이 저절로 포근해지는 전형적인 시골 마을이다. 여느 농촌 마을과 다름없이 젊은이들은 보이지 않고 나이가 든 어르신들이 작업을 구경하러 나왔다. 몇 채의 부유가 느껴지는 전원주택도 보였다. 1차 상수도 작업 관로를 따라 덧씌움 작업을 다시 소형 절삭기계를 이용 일정 규격에 따른 땅을 새로이 절삭한 다음 그 절삭, 가장자리 선을 이음매로 하여 아스팔트 포장 작업을 하는 것이다. 하지만 도로 형태에 따라 집 대문이나 골목 안쪽으로 조금씩 늘어난 부분을 추가로 연결해서 포장해준다.

　작업 도중에 일어나는 민원의 대부분이 이 늘어난 부분에서 다툼이 일어난다.

　시공사 측에서는 불필요한 민원을 피하고자 작업을 지시할 때는 사유지나 규정 이외의 부분 작업을 극도로 기피한다. 더욱이 불필요한 작업이 늘어나면 그만큼 아스팔트 재료의 증가로 인하여 많은 경비가 추가됨으로 경제적인 손실도 발생하기 때문에 더더욱 시공을 자제하는 경우가 많다. 작업을 시작하였다. 시공사에서는 미리 양쪽 가장자리에 하얀색의 페인팅으로 경계선을 그려놓았다. 직선 형태의 본선에서 각 개인의 집 대문이나 입구 방향으로 표시되어 있다.

　산골에 있는 작은 마을에도 불평등은 존재하였다. 작업 시작 전 마을을 한 바퀴 돌아보며 점검해본다. 그런데 이상하게도 작업구간이 늘어난 부분은 새로 생긴 전원주택가 앞이나 마을에서 힘깨나 쓴다고 하는 사람들 집 앞에는 모두 작업을 하게 설정되었다. 사유지이지만 아마도 힘깨나 쓰는 사람들의 소유인 모양이다. 그러나 산 비탈진 오래된 집 문 앞이나 들어가는 진입로 등은 모두 빠져있었다. 하지만 작업을 시공 규정에 따라 하는 입장에서는 임의로 할 수는 없는 일이다. 감독자 또는 시공사의 책임자와 상의해야 한다. 하지만 열악한 작업환경에 따라 시공 시에 작업감독자나 책임자가 바로 곁에서 보고 있는 경우는 드물다. 보통 시공 전이나 시공 후 점검을 주로 한다.

한참 작업을 해나가는 도중에 여든이 훨씬 넘어 보이는 어르신 한 분이 앞에서 다가왔다. "젊은 양반. 저 좀 보세요, 저 앞 우리 집 앞에도 조금만 해주시면 안 될까요? 책임자는 무조건 안 된다고 합니다. 제가 밀고 가는 수레가 자꾸 땅에 끼여 힘이 들어요, 올라가기가. 제가 나이가 들어서. 패인 부분만이래도 조금만." 할머니의 머리칼이 완전 은색이다. 그런데 디귿자로 굽은 몸에 작은 네 바퀴가 달린 수레를 잡고 있었다. 손수레도 아니고 유모차에서 앉는 좌석만 떼어낸 모양의 바퀴만 달린 지지 수레였다. "할머니 움직이실 때 이 수레를 밀고 다녀요? 그러면 편합니까?" " 예. 이 동네에 나이 든 내 또래의 사람들은 모두 수레를 밀고 다니죠. 넘어질 염려가 없고 힘이 들면 몸을 기대고 간단한 물건은 올려놓고 옮기는 거예요. 그런데 조금 비탈지면 힘이 듭니다. 숨도 차고." "어딥니까? 작업이 불가하다는 집 앞이?" 할머니가 요구하는 작업 장소를 찾아보았다. 기존의 도로에서 몇 미터 정도 떨어진, 굽은 비스듬한 도로 형태로 바닥은 군데군데 움푹 팬 곳이 너무 많다. 도로포장이 아니더라도 정비가 꼭 필요한 지형이었다. " 어르신 여기 왜 작업이 안 된다고 얘기하던가요?" "재료도 비싸고 혼자 사는 데 크게 불편을 느끼지 않다고 하면서 안 된다고 합니다. 저는 너무 힘이 드는데 젊은 양반 어떻게 좀 안될까요?" "어르신 이 마을에 어르신처럼 수레 밀고 다니는 사람들이 많습니까?" "그럼요, 노인 대다수는 모두 저처럼 다 굽어서." "예 알겠습니다. 생각해보겠습니다."

"반장님. 안 됩니다. 괜한 작업을 하여 일거리를 만들지 마세요. 싫은 소리 들으시면 어쩌시려고 대답합니까?" "알았어. 신경 쓰지 말고 내 말대로 하도록 하게. 책임은 내가 질 테니 자네는 문제가 생기면 나에게 미루면 된다네." 걱정스럽게 쳐다보며 투덜거리는 신참의 잔소리를 응원 삼아 우리는 말끔하게 성의를 다해 대문 앞 문턱까지 포장해 주었다. 재료도 얼마 들어가지 않았다. 아무런 문제도 없이 작업종료 지점까지 공사를 마무리하였다.

날이 어둑어둑해진다. 마무리 작업을 하는 중 몇 사람의 사람들이 우리에게 다가왔다. "오늘 수고 많으셨습니다. 어려운 작업을 너무 잘 마무리 해주셔서 정말 고맙습니다. 여기 음료수라도 좀 드십시오." 작업 책임자와 마을에서 주요 역할을 하는듯한 사람들이었다. 그곳에는 전원주택

소유주로 보이는 사람도 있었다. 자기 집 앞에 작업을 할 때는 조그만 틈새도 허용하지 않으면서 채근하던 사람이었다. 어느 마을에나 그런 부류의 사람들은 존재했다. 루소가 말하는 원시적 불평등의 모습들이다. 장 자크 루소는 인간 불평등 기원론에서

　사람들은 오두막 앞이나 큰 나무 주위에 자주 모이게 되었다....

　그리하여 저마다 남을 주목하고 자신도 남에게 주목받고 싶다는 생각을 하게 되면서 남들에게 인정받는 것이 하나의 가치를 지니게 되었다. 노래를 가장 잘 부르고 춤을 가장 잘 추는 사람, 얼굴이 잘생기거나 힘이 센 사람. 재주가 가장 뛰어나거나 언변이 가장 좋은 사람은 존경받았다.

　이러한 최초의 선호에서 한편으로는 허영심과 경멸이 태어났고, 다른 한편으로는 수치심과 부러움이 생겨났다. 그리고 이러한 새로운 효모에서 생긴 효소가 마침내 행복과 무구에 치명적인 화합물을 생성시켰다.

　"젊은 양반 나 좀 보게나. 이것 받아, 내가 너무 고마워서 면사무소에서 먹으라고 주는 건데 아까워서 아껴놓았지." 네 바퀴 수레를 밀며 다가온 어르신이 작은 비닐봉지를 가느다란 손으로 내밀었다. 그때였다. 조금 전까지 칭찬과 친

절을 마다하지 않던 전원주택 주인과 책임자가 서로 경쟁이라도 하듯이 "할머니 그곳은 안 된다고 제가 얘기했죠, 사유지라 안 된다고 몇 번이나 얘기했죠?" "아니 할머니 저도 이곳에 이사 온 지 얼마 안 되지만 동네 중요한 일은 저에게 얘기해야죠, 임의로 행동하시면 어떡합니까?" 두 사람이 이마에 주름까지 지으면서 험한 말투를 내뱉는 모습을 보며 할머니는 어쩔 줄 몰라 한다.

"그게, 너무 내가 힘들어서 미안하네, 미안하네." "아니 누가 그곳에 허락 없이 포장 작업을 했나요?" 전원주택 주인의 얼굴이 붉어졌다. 공사 책임자도 계면쩍은 얼굴을 띄며 어쩔 줄 몰라 하는 얼굴빛을 띤다. 신참이 내 얼굴을 쳐다본다.

"아 그곳, 제가 지시했습니다. 그곳이 실버 카 진입로인 줄로 저는 생각했습니다." "예? 실버 카 진입로요? 그런 지점이 있습니까?" 공사 책임자가 얼굴을 활짝 펴며 되묻는다. "예 제가 얼마 전 다른 공사 현장에서 교육받았는데 그곳에서 강사가 시골 포장 공사에는 실버 카 진입로는 우선으로 마음에 담아야 한다고, 해서 비교하면 스쿨존을 우선시하듯 꼭 지켜야 하는 기본이다. 교육받아서 미안합니다." "그래요, 그런 규정이 있군요. 알겠습니다. 미리 저에게 말씀하셨으면," "그런데 실버 카가 무엇인지?" "아 그거 아마 시골 노인들이 의존하는 저, 네 바퀴 수레를 의미하는 모양인데 저도 정확한 내용은 조금 부족해서 여하튼 시골 농촌에는 힘든 분들이 많이 애용하는 모양입니다."

할머니가 건넨 검은 비닐봉지에는 요구르트 몇 개와 비피더스 유산균 음료수 한 개가 들어있었다. 그런데 비피더스는 유통기한이 한참이나 지난 일자가 흐릿하게 적혀 있었다. 돌아오는 귀갓길에 신참이 물었다. "반장님, 정말 실버 카 진입로 규정이 있어요?" "모르지, 마음속에 있는지 네 바퀴 수레, 그 은빛 수레 그게 바로 실버 카 아니던가?"

어쩌면 시공자 책임자는 그곳을 다시 둘러보면서 다음에는 꼭 잊지 않고 시공해야지 하는 마음을 가질까? 아니면 이거 아닌데? 하는 마음으로 머리를 갸웃거릴까?

따스한 계절 5월이 문턱에 다가왔다.

## 요즈음 공짜가 없어요


　　부산의 오래된 골목들은 다른 도시들보다는 가파르거나 굽어진 곳이 많다. 이러한 좁은 주택 도로나 산간 도로를 정비하는 경우는 여러 가지 불편함이 따른다. 더욱이 아스팔트 포장 작업을 통한 마지막 공정이 진행되는 경우는 더욱더 어려울 수밖에 없다. 아스콘 재료를 실은 대형 트럭의 진입이 어렵고 아스팔트 접착력을 세게 만드는 유화제 살포에도 여러 어려움이 따른다. 아스콘 재료는 장소가 넓은 공간을 찾아 대형 트럭에 실린 재료를 포크레인 또는 이송 장비를 이용해 작은 차량으로 운반하여 골목길로 옮겨 놓은 다음 스키로드라는 작은 포장 장비와 함께 사람의 힘으로 작업을 해 나간다.

　골목길 또는 주택가 주위를 작업할 때에는 동네 주민들 아니면 공사에 관련이 되는 사람들이 인부들의 작업 모습을 구경하거나 작업을 간섭하려는 이들이 많다. 공사를 진행하는 작업자 또는 시공자들도 이러한 여러 상황을 염려

해 불필요한 민원 발생을 주의하는 경우가 많아진다. 아스팔트는 재료 자체가 온도가 130도 이상의 고온과 끈적끈적한 기름이 섞인 성질로 인하여 작업자들이 삽, 또는 여러 가지 도구를 이용 작업을 하지만 생각보다는 힘이 들고 정밀을 요하는 작업이다. 스키로더 장비 기계로 재료를 펼쳐 나가면 인력으로 다시금 평평하게 가지런히 바닥에 정리해 나간다. 도로의 원래의 기능을 살리고 훼손하지 않으면서 반질반질하게 포설하는 기능과 기술을 발휘해가는 방법이다.

전포동 어느 골목길 정비작업 때의 일이다. 여느 골목길보다도 작업하기가 어려운 장소였다. 황령산 기슭에 높게 자리한 꾸불꾸불 오래전에 만들어진 길이다. 하수관 교체 정비작업을 끝내고 다시금 재복구 마지막 아스팔트 포설작업으로 도로를 마무리 짓는 공정이었다. 이러한 좁은 곳에서는 먼저 아스팔트 접착 유화제를 뿌리는 일부터 난관에 부딪힌다. 작은 분무기 살포기를 이용하여 까만 색깔의 유제를 바닥에 뿌려 나간다. 담벼락이나 대문 등에 튀어서 더럽혀지는 것을 방지하기 위하여 약간의 간격을 두고 분무해 나가기 시작한다. 유제가 튀어서 담벼락이나 대문 등에 묻는 경우, 잘 지워지지 않아 동네 주민과 민원이 발생하여 애를 먹는 경우가 많이 생기기 때문이다. 이러한 애로 사항을 모르는 작업시공자나 주민 중에서 유화제를 담벼락이나 도로 전체에 새까맣게 분무해야 한다며 막무가내로 많은 양의 분무만 요구하는 경우도 허다하다.

  접착 유화제가 도로 면에 잘 분무 되어야 아스콘 재료를 도로 바닥에 단단하게 접착할 수 있으니 아스팔트 작업에는 중요한 공정의 하나이다. 작업자들은 작은 물 조리개를 이용하여 담벼락 가장자리나 아스팔트 접착이 용이하지 않은 부분에 추가해서 뿌려준다. 또한 작업 완료 후에도 다시 한번 접착 강화를 위하여 분무해주기도 한다. 아스콘 재료는 끈적끈적한 재료의 성분으로 인하여 작업화, 작업 도구, 장비의 바퀴 등에 묻어 잘 떨어지지 않는다. 이러한 아스콘을 제거하기 위해서는 경유나 휘발성이 강한 유제를 사용하여 달라붙는 아스팔트 재료를 닦아낸다. 이러한 경유 등은 접착 유화제와는 완전히 반대의 역할을 하는 것이다. 이런 제거 유화제는 상수도, 도시가스, 통신 맨홀 뚜껑에도 칠하여 아스팔트 재료를 제거한다. 공사 현장이 넓은 경우 또는 사용량이 많을 때는 경유나 휘발유 보다도 저렴한 자동차 폐유를 이용하기도 한다. 작업자들은 작은 통에 담아 작업 근처에 들고 다니면서 필요한 부분에 사용하는 것이다. 접착유화제나 아스팔트 제거 작업유화제나 색깔은 두 가지 모두 검은 빛을 띤다.

오늘따라 작업을 주시하는 주민들이 많이 나왔다. 도로의 생김 모양으로 당연한 듯했다. 산기슭과 근접해 있고 비가 오면 언덕 위에서 많은 빗물이 아래로 흐르게 되어있어 배수에 민감한 골목길이었다. 근접거리에 다닥다닥 붙어있는 배수 맨홀에서 더욱 물 빠짐의 중요성이 필요해 보였다. 덩달아 맨홀에 아스팔트 제거유제와 접착유제도 정밀하게 구분 작업해야 하는 길이다. 사람들은 자기 집 앞에서는 누구나 다름없이 자기 집 담벼락 쪽으로 높게 많은 재료를 사용하여 작업을 해 주라고 요구했다.

많은 주민의 작업요구에 작업자들이 할 수 있는 대답은 하나밖에 없다. "예. 알겠습니다."라는 말이다. 어느 누가 어떤 민원을 제기해도 작업을 진행하는 입장에서는 정확하게 신뢰할 수 있는 작업을 한다며 믿어달라는 수밖에 없다. 그러면 의심으로 가득 차 반신반의하는 사람들도 대개는 누그러지기 마련이다. 그러나 여러 사람의 각자 다른 눈으로 바라보면 다르게 보이는 경우가 많이 생긴다. 오늘따라 한 집의 나이 지긋한 남자가 나와 자꾸 참견해댄다. 자기가 도로 아스팔트 작업을 잘 안다며 여기저기 지적해댄다. 높이가 잘 맞지 않는다. 접착유제가 덜 뿌려졌다. 재질이 너무 굵다. 아스콘이 너무 식은 것 아닌가? 해대는 말이 틀리지 않으니 작업자들은 아무 말도 하지 않으면서도 불편한 기색을 감추지 않으려 애를 쓴다.

그때였다. 옆에 서 있던 부인이 거든다. "여보, 그만 하세요. 저 사람들 전부 당신보다는 전문가들인데." 남자는 겸연스러운 모습을 지으며 "알았어, 커피나 몇 잔 타오게." "알겠어요."

"아니 괜찮습니다. 우리 아침에 모두 커피 한 잔씩 했습니다." 작업자들은 만류한다. 그런데도 잠시 후 아내인 여성분은 종이 커피를 쟁반에 받쳐 들고 왔다. "잠깐 커피 한 잔씩 하고 작업하게나." " 커피 크게 반갑지만은 않네, 이거 뇌물 아냐? 소금 묵은 놈 물 켠다고 먹고 뭐 해달라고 조르면 거부할 수도 없는데?" 농담 섞인 한마디를 던지며 달착지근하기도 한 커피를 마신다. 커피 한 잔으로 어색했던 분위기가 많이 누그러지며 작업 분위기도 부드러워졌다. 한참 동안의 작업이 진행되는 동안 잠시 그 부부는 보이지 않았다.

"여기가 저의 집이에요, 잘 좀 부탁합니다." 어느 집 앞에 조금 전 커피를 들고 왔던 여성이 나타났다. " 예, 알겠습니다. 최선을 다해 시공하겠습니다." 그때 남편이 다시 나타났다. "아저씨. 저기 저 기름 우리 담벼락 쪽으로 한 번 더 뿌려주시면 안 될까요? 지하로 물이 자꾸 스며들어 접착 기름을 좀 많이 뿌려주시면 방수가 될 텐데?" 그러면서 아스팔트 접착 유제가 아닌 제거용 작업유제를 가리킨다. "아니. 저거는 접착제가 아닙니다. 우리가 도로 전체 시공이 끝난 다음 다시 접착유제를 가져와서 추가로 벽 쪽에 뿌려드리겠습니다." "저 유제는 도리어 아스팔트를 떨어지게 만드는 기름입니다." 작업자 한 사람이 한마디 거든다. 남성은 못 미더운지 들릴 듯 말 듯 중얼거린다. " 조금만 더 뿌려주면?..... 조금만..." " 아니 저분들이 작업 끝내고 뿌려준다고 하잖아요." 부인이 만류하는 듯했다. "내가 잘 아는데....조금만 조금만" 아쉬운 표정을 짓고는 사라졌다.

"그거 보세요, 요즈음 공짜가 없어요, 커피 한잔에 다시 유제 뿌려야 되잖아요." 젊은 작업자가 투덜댄다. "어차피 한 번 더 뿌려주면 완벽한 시공이니 비싼 커피 마신 셈 치게나." "공정하게 전체 다시 뿌려주어야지. 그 집 주위만 뿌려주면 불공평하지 않습니까?" "어쩌겠나. 먹은 게 죄지, 이 세상에 불공평한 일이 한두 가지인가? 예사로 생각하게나." 한참 동안 그 일을 잊고 다시금 작업을 진행해 나갔다. 한 블록 정도의 공정을 진행 도중에 한 작업자가 얘기한다. "여기 작업유제 어디로 갔지? 누가 치웠어요?" " 아니, 어디 한 곳에 있는지 찾아보게나." "이상 하네 계속 가지고 다녔는데 담은 통이 없어졌네." "작은 물 조리개도 없어졌네." 혹시 아까 그 아저씨! 그 아저씨!

아니나 다를까 저만치 조금 전 못 미더운 듯 중얼대며 사라졌던 남성이 자기 집 담벼락에 붙어 서서 허리를 구부리고 열심히 물 조리개 질을 해대고 있었다. 기가 막히는 노릇이었다. 접착 유화제를 뿌려야 되는데 아스팔트 제거제를 열심히 뿌리고 있었다. 작업자 모두 황당한 모습을 짓는다. 열정적 포만감에 가득 찬 그 남자의 굽은 등 모습이 너무도 안쓰럽다.

## 뒤집어 놓고 싶다


　　　　　　오래전 나라의 살림이 무너져버린 환란의 시절이 있었다. 기억하기도 싫은 IMF, 그것으로 나의 곤궁한 상태를 책임으로 돌려 위안으로 삼으며 건설 현장에 용역으로 일하던 기억이 떠오른다. 지방으로 돌아다니며 작은 사업 실패를 한탄하며 육체노동으로 나 자신에게 죄책감의 매질을 하던 시절이었다.

　생활이 어려워지면 가장 쉽게 가장으로서 찾기 쉬운 현장이 건설 현장에서의 일일 육체노동이다. 가장 쉽게 찾을 수 있는 일거리는 지금이나 예전에도 별반 다름이 없는 것 같다.

　특별한 기술이나 기능이 없었던 나도 무작정 새벽에 막노동 일거리를 찾을 수밖에 없었다. 사업에 실패한 부끄러움이나 가족에 대해 미안함에 무작정 부산 집을 떠나 어릴 적 정들었던 대구로 향했다. 어떤 계획도 준비도 없이 가출한 것이다. 오로지 경제적인 부의 막연한 축적을 기대하면서 열차에 올라탄 기억이다.

대구 중심지인 남산동에 있는 반월장이라는 여관에 잠자리를 잡았다. 여관은 오래된 건물이었으나 마당이 있고 제법 운치가 있어 마음이 편안해지는 그런 모습을 갖추고 있었다. 또한 주인은 경상도 대구의 투박한 말투와는 달리 온정이 뚝뚝 떨어지는 따뜻함으로 나를 대해주었다. 집주인인 남편도 예전에 사업의 실패로 바깥 생활의 어려움을 많이 겪은 적이 있다며 지금의 어려움이 나중에는 즐거운 추억이 될지도 모른다며 힘을 내라는 조언을 자주 해 주었다.

매일 하루의 일과를 끝내고 일당을 받아 매일 매일을 살아야 하는 한 치 앞도 계산할 수 없는 그런 생활의 연속이었다. 새벽 노동시장 대부분의 일은 아파트 건설 현장의 잡일이 대부분이었다. 더욱이나 국가의 환란시절에 다른 일거리가 많을 수가 없었다. 또한 실업자는 넘쳐났다. 새벽 4시부터 100명 이상의 사람들이 반월당 네거리 새벽시장에 몰려들었다. 원래의 전업 직업을 가졌던 여러 형태의 사람들이 어려움을 이기려고 하루의 일거리를 찾아오는 것이다.

아파트 건설의 잡일에서 많은 사람이 일을 쉽게 할 수 있는 일이 자재 정리였다. 대기업이 건설하는 아파트 현장은 규모가 크기 때문에 그만큼 많은 종류의 일손이 필요하기 때문이다. 우리에게는 더없이 행복한 일거리였다. 몇 명이 팀을 맞추어서 서로 협동 정신을 발휘하여 조금이라도 많은 일의 자재 정리를 하게 되면 구인자의 신심을 얻어 꾸준히 일거리를 계속할 수가 있었다. 또한 그만큼의 수입도 늘어나니 어떻게 하면 서로가 손이 잘 맞는 사람과 한 팀이 되어 일을 할 수 있기를 서로 갈구하고 있었다. 자연스레 팀이 만들어지고 있었다.

내가 자주 한 팀으로 일한 사람들의 전업은 정말 각색이었다. 반월당 시장에서 서점을 운영하는 사람, 대신동에서 중국집을 운영하는 사람, 서울서 내려온 친구, 회사에서 자동퇴사 한 친구, 시를 쓴다며 가명의 이름을 댄다는 사람, 어쩌면 모두가 가슴 한구석에 한 움큼의 덩어리들을 간직하고 있는 듯했다. 중국집을 운영하는 사람을 빼고는 모두가 몸짓도 왜소하고 육체적인 노동을 주요 장기로 하는 잡일은 무척이나 어려운 눈치들이었다. 그러나 모두가 잽싸고 눈치들도 빨라 다른 팀보다도 언제나 일을 일찍 마무리하곤 하였다. 모두 일할 때면 시쳇말로 목숨을 걸듯 결기를 보였다. 아마 그만큼 어려움을 감추기 위한 몸부림이었다.

그 당시에는 하루 자고 나면 한 개의 기업들이 쓰러지는 시기였다. 대구의 대기업 중에서 청구와 우방이라는 업체가 있었다. 그 두 개의 업체가 시행공사로 건설하는 현장에 교대로 우리는 일을 가고 있었다. 새벽에 모이면 뒤숭숭한 소문이 떠돌아다녔다. "내일 우방이 부도를 낸다 하네" "아니야, 청구가 먼저라는데, 설마, 청구는 정치적 배경이 강하다며?" "부도를 내면 우리 일거리는, 임금은?" 모두 전전긍긍하면서도 하루의 일과를 향해 달려가곤 했다.

대구 서쪽 변두리인 성서에 있는 아파트 현장에 도착한 그 날도 무척이나 날씨가 추웠다. 더욱이나 며칠 전 내린 겨울비에 젖은 목재 더미를 처리하는 일은 손에 잘 잡히지 않고 미끌미끌하여 옆에 있는 동료에게 전달하기도 여간 어려운 것이 아니었다. 서로가 많은 주의가 필요했다. 그날은 지하 주차장에 설치되었던 여러 거푸집을 들어내고 불필요한 자재들을 밖으로 들어내는 작업이었다. 빗물이 스며들어 바닥은 질퍽질퍽하였고 어두운 환경은 작은 나무들이 잘 보이지 않아 발길을 어렵게 만들며 애를 먹였다. 작은 나무에 박혀있는 못은 우리에게는 엄청난 위협을 주었다. 작업 중 못에 찔려본 경험이 있는 나로서도 더욱더 발을 내디딜 때마다 주의해야 했다.

그날따라 우리는 일에 대한 욕심을 내서 일과보다 일찍 일을 시작하여 잘 시간인 열 시까지 최대한 열심히 하기로 하였다. 그런데 이상하게 서점을 하는 동료가 자꾸만 자리에 앉아서 무엇인가 한참 동안 뒤적거리며 앞에서 일 진척을 멈추게 만들며 시간을 끄는 듯했다. 어느 순간 동료 한 사람이 퉁명스레 말했다. "미치겠네. 도대체 뭐해? 그렇게 해서는 오늘 온종일에도 얼마 못해. 도대체 무슨 작은 나무들을 뒤집고 난리야? 그냥 발로 차면서 큰 자재만 빨리빨리 챙겨." "알았어. 이상하게 오늘은 유난히 많네." "뭐가?" "아니야, 열심히 해볼게."그러며 그 서점주인은 싱긋이 웃었다. 한참 동안 열심히 일하던 우리는 참 시간도 잊어버렸다. 한참이 지난 시간에 허기를 느끼며 지상으로 올라왔다. 그런데 지상에 올라온 우리는 이상을 느꼈다. 현장이 텅 빈 느낌을 받은 것이다. 평상시는 새참을 먹고 난 사람들이 여기저기 모여서 담배를 피우거나 잡담하곤 하였지만 아무도 보이지 않는 것이다.

현장 함바 식당으로 들어간 우리는 모두 멈춰서고 말았다. 식당에는 서너 사람만이 긴장한 얼굴로 무엇인가 얘기를 나누고 있었다. "완전 부도 맞아? 정말이야, 우리는 어찌 되는 거야?"

배고픔도 잊은 채 그 자리에 털썩 주저앉고 말았다. 식당 주방에는 아무도 보이지 않았다. 그때였다. 서점주인인 동료가 불쑥 말했다. "뭐라도 먹어야지, 모두 힘들게 했는데 뭐 없나?" "맞아. 일단 먹고 보자." 우리는 주위를 돌아보앉다. 그런데 배식구 옆에는 작은 종이가 하나가 금 새 떨어질 듯 흔들거렸다. "미안합니다. 갑자기 생긴 일로 인하여 모든 것을 준비하지 못합니다. 필요하신 분들은 박스에 있는 라면이나 빵, 음료수로 대신해주십시오. 양이 모자랄지도 모르니 조금씩이라도 드시기 바랍니다." 상자 안에는 몇 개의 라면봉지와 몇 병의 음료수가 비스듬히 쓰러져 있었다. 기가 막히는 일이었다. 어디 하소연할 때도 없었다.

 중국집을 운영한다던 동료가 말했다. "어차피 배고픈 것 조금 더 참고 모두 우리 집으로 갑시다. 워낙 장사가 잘 안 되어 조금이라도 도움 될까 오늘도 나왔더니 이제 끝났네. 함께 갑시다." 우리는 모두 대신동 그의 식당으로 가기로 하고는 현장을 떠났다. 그 식당에서의 점심은 내가 먹어본 어떤 식사보다도 맛 나는 자리였다. 함께 정신없이 먹고 마시던 동료들의 모습들이 눈에 선하다. 아픔을 들이켜 마시던 하루의 질긴 동고의 동료들이 가끔 생각이 난다. 또한 그때 반월당 시장에서 서점을 운영하는 동료에게 내가 물었다. "참, 아까 아침에 일 할 때 왜, 자꾸 앉은 자세로 일을 지연하며 무슨 일을 했어요? 아니면 몸에 이상이라도?" "아. 그거 별거 아닌데, 오늘따라 못이 박혀있는 잔잔한 나무들이 너무 많아서, 혹시나 뒤에 들어오는 사람이 밟아 다치는 문제가 생길 거 같아 뒤집어 놓고 싶어서, 일이 늦어서 미안한데, 일이 오늘 이상하게 되어서 미안한 생각이 들어지네요." "뒤집어 놓아요?" "예 그러면 좋아질 것 같아서요." 가끔은 아픈 시절도 아름다운 추억으로 기억된다. 오늘도 마음이 흔들리면 뒤집어 놓고 싶다. '좋은 생각으로.

## 욕심이 배 밖에 나왔네요

얼마 전 TV 사회 뉴스 시간에 앞서 달리던 오토바이 한 대가 갑자기 10미터 정도의 높은 공중으로 치솟으며 튕겨 땅바닥으로 내동댕이쳐지는 아찔한 광경을 보게 되었다. 다행히도 오토바이 운전자는 많이 다치지는 않았지만 대형 사고로 이어 질 수 있는 그런 상황이었다.

 도로 공사를 일과로 하는 처지에서 한 번쯤 다시 생각할 수밖에 없었다. 도로의 주요 목적은 차량이나 사람들이 편안하게, 안전하게 다닐 수 있는 그런 환경을 최우선으로 정하고 그것에 맞게 모든 도로를 설계하고, 만들고, 또한 사후 관리해야 하는 것이다. 이런 점에서 살펴보면 어떤 재해가 발생하면 그 원인을 놓고서 여러 가지로 설왕설래한다. 더욱이나 천재냐? 인재냐를 놓고는 모호하게 다투는 경우가 많다.

 오토바이가 넘어진 이유는 아스팔트의 밀림 현상에 원인이 있다. 아스팔트라는 재질이 온도가 올라가면 눅눅해지면서 한쪽으로 밀려서 굳어지는 현상을 보인다. 밀가루 반죽처럼 물렁물렁하게 변하여 일정하게 편편한 표면을 유지하지 못하는 것이다. 땅바닥에 한쪽만 뾰족하게 튀어 나온 돌부리처럼 굳어져 버리는 형태로 변해버린다. 그곳에 바퀴가 걸려 넘어져 버린 것이다. 속도가 빠를수록 튕겨 나가는 거리는 더욱더 배가 되어 큰 사고를 유발한다. 그러한 형태의 안전하지 않은 도로가 우리 눈에는 너무도 많이 보이니 문제가 되는 것이다.

그런데 뉴스 속에서 지방 자치단체가 대책을 묻는 대답은 너무도 황당하다. 그러한 도로를 정비하려면 먼저 현장 파악해야 하는데 현실적으로 인원이 부족하여 어렵다는 얘기였다. 이 대답은 탁상공론적인 전형적인 대답이다. 도로 공사 쪽에 종사하는 전문적인 인력과 기계들이 일거리가 없어 얼마나 많이 놀고 있는가를 파악조차도 해보지 않은 전형적인 책임 회피 발언으로만 들리니 답답하기만 하다. 전문적인 공사 업체에 실태조사를 의뢰만 하면 도로 정비 대상 지역은 충분히 검토하여 안전한 조치를 할 수 있는 내용을 놓치고 있는 것이 아닐까 생각해본다.

얼마 전에 울산공항 활주로 보수 공사 현장에서의 일이다. 공항 활주로는 어느 지역이나 일반적인 도로와는 많이 다르다. 아스팔트 자체의 포장 두께도 깊고 견고하게 만든다. 대략 비행기가 내릴 때 받는 압력이 일반적으로 최소 300톤 이상의 접지 반탄력을 유지해야 하는 안전의 기준이 있다. 또한 주위에는 불필요한 불순물들이 있어서는 더욱 위험하므로 활주로는 항상 청결해야 한다. 작은 자갈이나 돌멩이들도 허용되지 않는 안전기준이 필요하다. 또한 신설도로가 아닌 보수작업에는 비행기 운항이 없는 야간을 이용하는 경우가 많다. 울산공항의 첫 비행기는 서울에서 출발 아침 일찍 도착한다. 그 도착시간 전 2시간 전에는 모든 활주로 보수 구간을 정비하여 작업을 끝내야 했다.

밤 10시가 되면 절삭기, 아스팔트 휘니셔, 다짐장비 매커덤, 다짐 로러, 스키로러 등 여러 장비와 인원들이 작업을 일사불란하게 실시한다. 활주로는 워낙 섬세한 작업이 필요하므로 많은 장비와 인원을 가지고도 1일 80미터의 짧은 구간을 절삭하여 몇 번씩 기층, 표층으로 나누어 아스팔트 포장을 하고 마지막에는 스키로러 청소차로 청소를 한 다음 다시금 작업한 인원들이 옆으로 일 열로 줄을 서서 마지막 작은 불순물이라도 놓치지 않고 두 눈을 부릅뜨고 정리 청소한다. 그리고는 아스팔트에 냉각을 위하여 타이어 로러가 물로 다시금 식혀 비행기가 내릴 때는 안전하게 착륙하게 만드는 것이다. 이러한 작업을 비행기가 도착하는 7시 이전 5시까지는 마무리하고 철수해야 하는 일이었다. 이러한 활주로 공사의 예상 소요 기간은 15일이었다. 다른 도로 공사보다는 공사를 수주한 회사도 경제적으로도 수익을 많이 낼 수 있는 기회의 공사임이 틀림없었다.

아스팔트 공사를 하는 과정을 조금 더 세심히 살펴보면 공항과 같은 주요 공사에는 필요한 장비는 아끼지 말아야 하는 공사 업체 간에도 불문율로 지켜지고 있다. 특히나 활주로는 청결이 우선이므로 작업 중에는 항상 청소용 로러 스키드와 아스팔트 작업용 로러 스키드를 2대를 투입하여 작업을 배분한다. 작업용 로러스키드는 아스팔트 휘니셔를 보조하여 남는 아스팔트 재료 아스콘을 쉽게 정리해 주는 역할을 한다. 사람의 할 수 없는 힘든 양을 정리할 때 쓰는 장비다. 일의 여러 상황에 따라 사용하기도 하고 어떨 때는 밤새도록 한 번도 사용하지 않고 그냥 세워두는 경우도 허다하다. 그러나 만일의 사태에 따라 꼭 필요하기에 경제적인 손실을 감안하면서도 현장에서는 꼭 대기시키는 장비이다. 똑같은 장비인 청소용 스키로러는 아부분에 청소용 솔을 교체 부착하여 작업 중 계속해서 주위를 청소한다. 공항 작업 시는 항상 이렇게 스키로더 두 대를 사용하는 것을 어떤 사업체도 일반적으로 하고 있었다.

그러면서 야간작업을 하던 3일째 되는 날이었다. 이상하게도 그날 저녁 식사 시간에 한 대의 스키로더 사장이 보이지 않았다. 나는 궁금한 마음에 작업을 총관리하는 노반 관리자에게 물었다. "윤 부장! 오늘 스키로더 한 대가 없네요, 왜? 안 불렀습니까? 스키로더 없으면 문제 생기는 것 아닙니까?" "그러니까요. 반장님! 우리 이사장, 욕심이 배 밖에 나왔네요. 어제 밤새도록 그대로 장비 세워 놓았다면서, 청소스키로더 한 대로도 작업은 충분하다며 오늘 작업에 장비를 빼버리네요. 돈 아끼려고 꼼수를 쓰니 내 참," "여하튼 두고 봅시다." "장비 없으면 인력들이 힘든데, 문제 생기면 괜히 큰 손해 보는데." 옆에 있던 동료들도 한마디씩 거든다.

새벽 3시쯤이었다. 순조롭게 진행되던 현장에 난리가 났다. 아스팔트 휘니셔 앞에 있던 붙어있던 25톤 덤프트럭의 간격이 밀리면서 아스콘을 휘니셔 기계 앞에 쏟아버린 것이었다. 산더미 같이 아스콘이 기계 앞으로 쏟아져 밀려 쌓여버렸다. 이럴 때 필요한 기계가 스키로더였다. 청소 스키로더를 청소를 멈추고 하고 앞부분에 고정된 청소 솔을 바가지로 교체하도록 작업을 지시했다. 그런데 이게 무슨 일인가? 청소용 솔 부분을 바가지로 바꾸는 나사부분이 풀리지를 않는 것이었다. 계속해서 청소만 전문적으로 하던 스키로더여서 접목 나사 부분이 망가져서 풀리지를 않는 것이었다. 정말 야단이 났다. 사람들이 삽으로 기계 앞에 쌓인 아스콘을 치우려면 교대로 해도 한 시간은 그냥 지나가는 일이었다. 그렇다고 이 야밤에 어디서 스키로더를 부를 수도 없는 형편이었다.

관리자인 윤 부장이 곁으로 다가왔다.

"반장님, 난리 났네요. 사장이 미쳤지. 욕심이 화를 부르네요. 이제 나한테 또 화풀이할까 걱정이 태산입니다." "윤 부장! 방법을 찾아봅시다. 휘니셔를 앞뒤로 왔다 갔다 하면서 아스콘을 정리하면 안 될까요? 그 방법밖에 없는데?" "반장님! 조금 기다렸다 합시다. 사장이 정신 좀 차려야지. 무조건 욕심만 많아서." 시간은 잘도 흘렀다. 옆에서 관리 감독을 하던 공항 관계자와 사장은 얼굴이 하얗게 변하기 시작했다. 새벽 5시 이전에는 어떤 일이 있어도 작업을 완료해야만 첫 비행기가 도착할 수 있는 것이다. 만약에 작업에 차질이 생기면 비행기를 감해나 대구, 또는 회항시키든지 결항을 해야 하는 심각한 상황을 맞아야 하는 것이다.

"윤 부장. 어떻게 방법이 없겠소? 큰일 났네 내가 미쳤지. 돈 좀 아끼려다 이게 무슨 일. 관계자가 난리네. 어쩌지?" 사장이 방방 뛴다. "예. 휘니셔로 한번 제거해 보는 방법밖에 없는 것 같은데... 시간이 걸려도 방법은 그 방법 뿐인 것 같아요. 최선을 다해보죠." 그러며 윤 부장은 나를 쳐다보며 눈을 찡긋한다.

　그날 그럭저럭 야단법석을 치며 작업을 종료한 시간은 5시를 30여 분 지나서였다. 작업 종료 전까지 곁에서 쳐다보는 사장과 공항 관계자들의 모습이 생각난다. 그다음 날 낮 야간작업을 위해 잠을 청하는 때 전화가 울렸다. 윤 부장이었다.

　"반장님 오늘부터 공항 작업 취소되었습니다." "왜? 무슨 일 생겼습니까?" " 예. 작업 중지되었습니다. 아침 비행기 내릴 때 바퀴 자국이 생겼다나 뭐라나, 여하튼 당분간 중지랍니다. 15일 연기된다고 합니다. 반장님! 저녁 맛있게 주무십시오. 하하…그리고 보니 반장님은 프리니까 작업을 하셔도 되고 안 하셔도 되고, 가끔은 저도 작은 스키로더가 그립겠습니다." 그날 이후 그 업체가 공항 공사를 했다는 소식은 들을 수 없었다.

# 조선 감자

올해도 어김없이 장마가 시작되었다. 비는 꼭 필요한 자연이지만 부담이 되는 존재이기도 하다. 특히나 차츰 노쇠해가는 지구의 특이한 현상들은 불특정한 형식으로 나타나 지역적으로 폭우 또는 마름 현상으로 나타나기에 여간 주의를 하지 않으면 안된다. 그러므로 길을 새로 내거나 정비작업을 할 때 배수의 원활함을 중요시한다. 요즈음은 외진 시골 마을도 복지혜택의 일환으로 도로가 잘 정비되고 있다. 경남 고성군의 깊은 산골 마을의 배수로 공사의 마지막 단계인 골목 아스팔트 포장 공사 때의 일이다. 산기슭에 작은 가구가 옹기종기 모여 사는 풍광이 무척 아름다운 전형적인 시골 마을이었다. 마을에 공사를 하면 동네 사람들이 모여 구경도 하고 작업에 대해 조언도 하지만 요즈음 농촌 마을은 갈수록 사람 보기가 귀해진다. 그만큼 일손이 모자라는 것 아닌가 생각해본다. 그러던 중 길 가장자리 밭에서 감자를 캐던 중년의 부부가 다가왔다. " 수고 많으시네요. 부탁이 있어요. 비가 많이 오면 물이 밭으로 넘쳐 들어와 감자밭을 쑥대밭으로 만들어요. 저번 여름에도 농사가 엉망이 되었습니다. 죄송하지만 물이 넘어오지 못하게 길 가장자리에 높게 둑을 만들어 줄 수 없나요?" "예. 알겠습니다. 그런데 요즈음 어느 한쪽 부분만 보고 시샘하는 분들도 많아서요. 그런 분 없겠지요?" "그런 사람 우리 동네에는 없습니다." 웃는 모습이 싱그럽다. " 참 아주머니 요즈음 조선 감자는 안 심나요? 까만 색깔." "아, 토종 감자, 자주색, 잘 없어요. 가끔 조금씩 심어 팔지는 않고 먹기만 하지요. 동네 나누어 먹기도 하고요. 올해는 심지 않았습니다. 있으면 조금 드렸을 텐데 미안하네요." " 참 그거 맛이 조금 쌉싸래합니다. 커피처럼. 대신 커피 한 잔씩 드리겠습니다." 인심이 무척 후하다.

문제가 발생했다. 공사가 마무리되어 갈 무렵 뒤쪽에서 고성과 함께 다투는 소리가 들려왔다. 나이가 지긋한 한 분이 다가왔다. " 저기 한번 가 보셔야 되겠는데요, 공사가 잘못되었다고 난리입니다. 괜히 잘못하면 동네 형 동생 인심 상하게 되었습니다." 오전에 만든 길 가장자리 감자밭 물막이 둑으로 생긴 일이었다. 물이 넘치지 않게 쌓아놓은 가장자리 둑으로 인하여 반대편 담벼락으로 물이 흘러 집 마당으로 들어올 염려가 있다는 것이다. 집주인이 논에 일하느라 챙기지 못하여 생긴 일이라며 비가 많이 오면 틀림없이 물이 들어온다며 밭쪽의 물막이 둑을 헐어야 한다고 주장해댄다. 집주인과 밭 주인은 위, 아래 집에 살며 사이가 유별나게 좋다고 옆에 사람들이 귀 띔을 해준다. 그런데 집주인은 이상하게 화를 무척이나 내고 있었다. 도로 가운데에 배수구가 설치되어 밭쪽 물막이로 인한 침수 걱정은 되지 않았으나 집주인은 막무가내였다. 밭 주인은 죄를 지은 사람처럼 얼굴에 당황한 빛이 역력해 보였다. 바닥에 놓인 비어있는 커피잔을 얼른 치워버린다. 이럴 땐 무조건 양비론이다. 안방에 가면 시어머니 말이 옳고 건넌방에 가면 며느리 말이 옳다는 속담을 따를 수밖에 없다. "예, 알겠습니다. 그런데 밭쪽 물막이처럼 집 쪽으로 둑을 쌓으면 안 될까요? 작업 거리가 좀 멀지만 여러 명이 삽으로 옮겨 보겠습니다." 그제야 집 주인은 누그러지기 시작했다. 삽으로 작업 인원 모두가 아스팔트를 옮겨 둑을 쌓기로 했다. 밭 주인도 거들었다. 몇 번의 작업 도중 돌연 집주인이 말했다. "그만 해요, 설마 많은 비가 한꺼번에 들러붙지는 않겠지요." " 고맙습니다. 작업을 이해해 주셔서." " 참, 동생 미안하네. 괜히 내가 심술부렸나. 내가 커피 한 잔 타 올게." 밭 주인에게 계면쩍게 싱긋이 웃으며 말한다.

속살이 발갛게 드러날 때 따스한 온기를 느끼고 속살을 볼 수 있을 때 나타나는 잔잔한 미소가 밭 주인에게서 흐른다.

여름 들판에는 나라를 망치게 했다는 덤터기를 쓴 '개망초'가 지천을 이루고 피어난다. 다툼이 많은 시절인가? '개망초'의 꽃말은 '화해'다.

장맛비가 추절추절 내린다. 고성군 깊은 외진 마을 대청마루에서 오늘은 위. 아래 집 쌉쌀한 맛을 내는 커피잔을 함께하고 있을까? 아니면 뜨거운 조선 감자의 껍질을 벗기고 있을까?

## 죄 짓고는 못 산다.

"사진 좀 찍고 합시다." 변함없이 오늘도 작업 시작 전에 들리는 소리이다. 현장에 도착하면 가장 먼저 하는 일과가 있다. 신발을 안전화로 갈아 신고 안전조끼를 입고 안전모를 찾아 꺼낸다. 그다음에는 자연스레 안전관리원이 사람들을 둥그렇게 모이게 하는 장소로 이동한다. 그리고는 모델이 된다. 요즈음은 새로이 마스크 착용은 필수다.

코로나 덕분으로 얼굴 표정들을 잘 알아보기는 힘들다. 그리 좋은 반응들이 아니지만 마스크가 가림 역할을 해주기도 한다. 사진을 찍고 나면 관리 요원은 간단한 안전주의를 지시하고는 "자, 오늘도 즐겁게 '좋아 좋아' 합시다." 모두 팔을 내밀고는 주먹 또는 손가락으로 지시표시를 하며 외쳐본다. "좋아! 좋아!" "끝인가? 이 현장은 안전교육 너무 짧네." 얘기가 들리기가 무섭다. "포장 팀과 용역은 별도로 안전교육을 실시하고 작업을 하도록 하겠습니다. 저쪽, 안전교육장으로 모여 주십시오."

대형 건설회사가 조성하는 산업단지 공사는 넓어 보였다. 이렇게 넓은 산업단지가 조성된다는 사실 하나만으로도 바닥을 헤매는 불경기의 두려움을 조금은 이겨낼 수 있는 생각이 든다. 더욱이나 1군 업체가 시행하는 공사 현장에 들어서면 왠지 긴장되는 것은 아마도 관리적인 측면에서 까다롭기 때문이라는 선입견인가? 작업 팀원 모두는 모두 경직되는 얼굴이다. 컨테이너로 만들어진 안전교육장으로 들어섰다. 벽면 주위에는 각종 안전 구호가 적혀있었다. 또한 좌석이나 교육장의 설비에도 신경을 많이 쓴 듯 현장 사무실치고는 깔끔하게 느껴졌다. 또한 구석에 혈압측정기도 여러 대가 놓여 있었다.

"자, 모두 우선 건설업 안전교육수료증을 준비해 주십시오, 그리고 이 서류를 작성해 주시고 혈압을 재고 잠깐의 교육을 실시하겠습니다." 탁자 위로 서류를 내어놓는다. 작업 안전에 대한 주의사항과 여러 부분의 동의 사항 등이 기재된 종이 서류에 모두 열심히 적기 시작한다. 중간 부분에는 안전에 필요한 여러 물품 지급확인란이 있다. 본인의 이름으로 확인하게 되어 있다. 이곳을 적으면서 한마디들 한다. "1군 업체는 안전조끼나 안전화를 지급하겠나? 어느 업체나 똑같이 사진이나 찍고 말겠지. 오늘 기대를 한번 해보세. 김칫국 마시지 말고 맘 돌려" 여러 말들을 한마디씩

주절댄다. 서류 작성을 끝낸 우리는 혈압을 체크하려고 줄을 섰다.

가장자리에 있는 혈압기계에는 다른 분야의 작업자들이 혈압을 체크하고 있었다. 그런데 이상하게 덩치가 제법 듬직한 중년의 작업자가 혈압은 재지 않고 여기저기 다른 사람들의 기계 작동 모습만 기웃기웃하고 있었다. 나에게도 차례가 되었다. 심호흡한 다음 기계 위에 위치한 뚫린 구멍 사이로 오른손을 들이밀었다. 그리고는 파란 작동 버튼을 눌러주었다. 팔 위로 지그시 눌러주는 기계의 힘이 팔을 안마해주듯이 시원하게 느껴졌다. 127-70 정상이었다. 그때였다. 옆에서 구경하던 그 뚱뚱한 친구가 다가오더니 귓엣말한다. "어르신 한 번만 더 체크하셔서 그 체크 종이 저 좀 주십쇼. 저는 오늘 혈압이 너무 높게 나오네요. 오랜만에 교통 보러 용역에서 나왔는데 집으로 돌아가게 생겼습니다." "곤란한데 그것은 불법인데." "한 번만 편리를 봐주십쇼." 어찌해야 하지? 마음속에서 갈등이 생겼다. 몇 년 전 거제 S 조선소 작업 현장이 생각났다. 당시 부산에서 새벽에 출발 거제에 있는 S 조선소에 포장작업을 하러 갔다. 작업 전 안전교육 시간이었다. 오늘과 똑같은 순서로 교육 받고 있었다. 그런데 동료 중 한 사람이 혈압 체크가 너무 높아서 작업이 불가하다며 회사에서 나가줄 것을 요청받았다. 안전관리 요원은 막무가내였다. 회사 규정상 혈압이 높은 작업자는 일을 절대로 시킬 수 없다며 요지부동이었다. 팀원 전체가 각각의 분야를 책임지며 일하는 포장 작업의 형태상 난감한 일이 아닐 수 없었다. 하지만 부산에서 아침 새벽에 출발 일하지 못하고 돌아가야 하는 동료의 뒷모습은 어깨가 축 처져 보였다. "거제 앞 바다에서 낚시나 하고 있으시죠. 저녁 마칠 때 정문에서 만납시다. 일은 걱정하지 말고." " 아무리 1군 업체지만 상황에 따라서는 양해도 좀 해주셔야죠. 작업을 하지 않고 차량에 있든지 하면 되는데 꼭 사외로 나가야 하나요?" 안전책임자에 항변도 해본다. "어쩔 수 없습니다. 우리 저 친구도 규정을 위배할 수는 없으니 당연한 조치죠. 누가 슬쩍 대리 체크라도 하시지? 이 팀은 정말 고지식하시네요." 칭찬인지 위로인지 모르게 지나가며 말하는 관리자의 야릇하던 말이 떠오른다.

"같이 온 사람 없어요? 나는 너무 체격이 차이 나네. 수치가 너무 틀려서 이상하게 생각하면 어쩌죠?" 슬쩍 거절해본다. "없습니다. 그냥 좀 체크해주십시오 설마 무슨 일이 생겨도 어르신 얘기는 하지 않겠습니다. 작업 분야도 틀려 만나는 일도 없습니다." "그럴까. 그러면 제가 기계에 팔을 넣고 체크할 때 치수 용지를 젊은이가 빼어가세요."

"예. 고맙습니다."

128-74 기계에 선명한 숫자가 표시된다. 조금 전 체크한 숫자와는 다르다. 이상하게도 조금은 안심이 든다. 찍찍- 자그만 종이가 기계에서 분출되고 있었다. "고맙습니다." 젊은이의 목소리가 고무공처럼 통통 튄다.

그날 나의 일과는 길게 느껴지기만 했다. 포장 작업을 하면서도 자꾸만 눈길은 멀리 도로변에서 팔을 흔들며 빨간 봉을 흔들고 수신호를 해대는 젊은 친구를 바라보기가 일쑤였다. 안전관리요원이 옆으로 다가와 "수고 많으십니다. 날씨가 더우니 물을 많이 드세요." 인사를 한다. 온몸이 경직되면서 가슴이 콩닥콩닥 뛴다. 죄 짓고는 못 사는가 보다.

## 처리하는 요령


　　　수년 전 어느 포장회사의 계약직 시절의 일이다. 몇 개의 구청과 상수도 본부의 입찰 작업으로 매일 상수도 누수공사를 하고 있었다. 시내 전 구간을 돌아다니다 보니 자연스레 일과는 바쁘기만 했다. 당시 회사는 대형 포장 장비는 갖추지 않았고 소형 작업 트럭과 아주 작은 분야의 다짐 장비인 콤팩트라는 소형기계와 삽, 비, 곡괭이 등 가장 필수적인 작업 도구만 소유하고 있었다. 수도 누수가 범위가 넓은 부분이나 규모가 큰 공사 현장이 생기면 장비를 일일 임대해서 작업을 하는 방법으로 회사를 운영하고 있었다. 나를 포함한 계약직 3명과 책임자가 매일 작은 트럭에 아스콘을 싣고는 여기저기 작업구간을 찾아다녔다.
　상수도 누수공사는 수도관이 누수 되어 수돗물이 새거나 별도의 신설 관 매설 등 여러 형태의 도로 복구 작업이 주 일과다. 겨울에는 동파되는 수도관도 발생하는 경우가 허다하다. 하지만 부산의 따뜻한 날씨는 동파 현장은 아주

드물게 발생한다. 또한 대형 상수도관 사고는 쉽게 발생하지 않는다. 그런데 긴급사항은 꼭 일과가 끝난 밤이나 새벽에 일어나는 경우가 많다. 우리는 부정확하게 발생하는 긴급작업을 달게 받아들이지 않는 것이 당연했다. 날이 제법 쌀쌀한 날이었다. "큰 사고입니다. 빨리 영도대교 앞으로 출근하세요. 택시 타고 오십시오 엄청 급합니다." 전화 속 책임자의 목소리는 다급해 보였다. "왜, 무슨 일 생겼습니까?" " 롯데백화점 앞 대형 수도관이 터졌나 봅니다. 새벽에." "예 알겠습니다."

현장은 영도대교 바로 입구 롯데백화점 옆 간선도로였다. 굴착업체들이 긴급작업으로 물막이를 끝내고 정리 작업을 하고 있었다. 워낙 크고 굵은 관이 터짐으로 인하여 주위는 온통 물바다로 변하여 난장판이 된 듯 보였다. 건너편 인삼 건어물 판매 아낙네가 말한다. " 아스팔트 바닥이 불룩불룩 갈라지더니 한순간 흙더미와 물보라가 하늘로 솟구쳐 올랐습니다. 수십 미터나 물길이 치솟고 흙더미가 사방으로 튀기 시작했습니다. 아스팔트 조각이 이곳까지 날아왔습니다. 여기, 진열대도 엉망입니다." 동이 틀 무렵에 생긴 사고라 차량이 별로 없어 큰 피해는 발생하지 않은 것이 다행인 듯 보였다.

굴착업체와 상수도 기술 작업원이 말한다. "왜 이렇게 굵은 관이 터졌지? 이해가 되지 않네! 혹시 롯데 지하 공사 발파작업 한 거 아니야?" "정확하지 않은 내용은 얘기하지 말게?" "아니 그냥 덮어버리면 원인을 어떻게 찾습니까?" "원인은 나중에 찾고 빨리 원상복구나 하게나. 조금 있으면 출근 시간이라 난리가 나네." "예. 알겠습니다." 사고 난 지점 주위의 아스팔트를 절개한 부분만도 수십 미터가 넘는 넓은 큰 공사이다. 이럴 때 아스콘 작업은 대형 장비들이 필요하다. 하지만 우리 회사가 가지고 있는 장비라고는 웃기게도 작은 콤팩트 하나다. 기가 찰 노릇이었다. "사장에게 빨리 연락해서 장비 임대를 긴급하게 알아보려고 하게. 빨리, 빨리." 책임자가 어디론가 전화를 연신 걸어댄다. "최 반장 무슨 방법이 없겠나?" "빨리 아스콘 띄워서 대강 깔고는 작업차라도 다지는 수밖에 더 있겠습니까? 그리고 사장님 빨리 오시라 하시죠."

아스콘을 포크레인이 펼쳐나갔다. 굴착상태에서 골재를 덮는 아스콘은 자갈의 굵기가 굵은 재질이다. 강도가 강해야 한다. 표층용은 부드럽고 가늘다. 오늘은 우선 강한 재질로 덮고 다짐하고 마무리를 하고 시간이 지난 다음 다시 절삭하고 완전한 포장 작업을 하는 공정이 아스팔트 포장 공사이다. 모든 일들이 중요하지만 포장 공사에서의 가장 중요한 것은 다짐 작업이다. 더욱이나 도로가 수도 누수로 인하여 물을 많이 먹었기 때문에 더욱 다짐이 중요한 것이다. 그런데 다짐 장비가 소형밖에 없으니 사실 작업이 부실하게 될 수밖에 없다. 콤팩트는 다짐 장비라기보다는 표층용 다림질 역할의 장비이기 때문이었다.

 출근 시간이 가까워지니 구경꾼들이 많아졌다. 난처하기만 하였다. 워낙 큰 사고여서인지 상수도 본부의 임원과 많은 공무원도 일찍 현장으로 달려 나왔다. 여기저기서 말이 들린다. 이렇게 많은 사람이 옆에서 보고 있을 때 작은 트럭으로 다짐을 대신한다는 것은 매를 벌 뿐이었다. 오로지 작은 콤팩트를 작동하여 아스팔트 위를 다림질하는 수가 상책이다. "저런 작은 장비 하나로 이 큰 공사를 하네." "큰 장비가 오겠지." "아니 시간이 많이 흘렀는데." 여기저기 말들이 들린다. 그때였다. 상수도 공무원이 다가왔다. "회사 장비는 오고 있습니까? 너무 늦는 것 아닙니까?" " 저도 정확히는 모르겠습니다. 여하튼 지금 회사 사장이 급하게 오고 있습니다." 9시가 다 되어서야 사장이 달려왔다. 책임자를 부른다. "큰일 났네! 오늘 장비들이 모두 작업이 예정되어 수배하기가 어렵네. 어떻게 방법이 없을까?" "여하튼 저기 담당자하고 공무원들부터 만나보시죠. 그리고 대책을 강구하도록 하시죠."

　사장은 한쪽에서 지켜보는 여러 직원 쪽으로 걸어가더니 이 사람 저 사람 연신 악수해댄다. 그리고는 무슨 말인지 심각한 표정을 지으며 얘기를 하는 듯 보였다. 아마도 많은 사람을 안심시키려는 모습이었다. 그러더니 큰소리로 소리를 지른다. "어이 김 부장! 빨리 장비 독촉하게, 지금 어디쯤인가 알아보게." "예?" 책임자를 쳐다보더니 눈을 찡긋한다. 그러더니 휴대폰을 꺼내어 큰소리로 통화를 시작한다. "이 과장! 어딘가? 왜 차가 막혀, 출근 시간! 여하튼 최대한 빨리 오게나." "유 사장, 잘 부탁합니다. 우리는 출근해야겠습니다. 담당자는 여기서 마무리하세요." 우르르 많은 사람이 현장을 벗어나고 있었다.

　"자, 우선 봉고 트럭으로 타이어 다짐하고 콤팩트로 균형이 맞지 않는 줄이나 지우고 아침이나 먹으러 갑시다." "이가 없으면 잇몸으로라도 사용해야지." 10시가 지나면서 어느 정도 현장이 정리되었다. 모든 작업자는 길 건너편 자갈치 시장 안에 있는 해장국 집으로 향했다. 인원들이 꽤 많았다. 작업자들과 담당 공무원과 회사의 간부진들과도 쉽게 만나지 못하는 특별한 자리가 되었다. 담당 공무원이 한마디 한다. "참 김 부장님, 큰 장비들은 몇 시쯤 도착할 거

같습니까? 아침 먹고 나면 오겠죠?" " 저는 잘 모르겠습니다. 사장님이 아십니다." 사장이 말했다 "식사나 맛있게 합시다. 아침이 늦으니 꿀맛입니다." 식사를 끝낸 후 사장은 김 부장을 불러 무언가 지시했다. 김 부장은 연신 고개를 끄덕인다.

사장은 담당 공무원 책임자와 함께 먼저 걸어 나갔다. "우리는 먼저 일어섭니다. 천천히 잡수시고 작업 잘 부탁합니다." 현장에 돌아오니 임시포장도로에는 차량이 가득했다. 다짐은 많은 차량이 대신해주고 있었다.

"김 부장, 아까 사장님이 무슨 말을 그렇게 하셨습니까? 그리고 사무실에 이과장이라고 하고 있나요?" "이 사람 무슨 소리 우리 사무실에는 경리 아가씨뿐이지. 사장님이 알아서 처리한다 그리 말했네, 이럴 때 처리하는 요령이 있다나. 뭐라나."

그 후 회사는 몇 번의 어려움을 이겨내지 못하고 김 부장이 인수하여 회사 이름도 새롭게 정하고 운영하고 있다고 전해 들려왔다. 가슴이 찜찜하다. 가끔은 지금도 그 처리하는 요령이 궁금하다.

## 황당한 민원


     길을 만드는 작업을 하려면 여러 가지 방법이 사용된다. 구분해보면 새로운 길을 만드는 법, 또는 기존의 길을 넓히거나 변형시키는 법으로 대별된다. 그중에서도 새로운 신설도로를 만드는 것보다도 기존 도로를 확장하거나 오래되거나 파손된 부분을 수리하는 부분들이 더욱 어렵다. 그 이유는 최초의 상태를 그대로 재현, 살려내어야 한다는 점이 어렵기 때문이다. 이러한 점에서 그 마무리 공정 중의 한 부분인 아스팔트 포장공정 부분이 더욱 중요하게 느껴진다. 화장술로 비교하면 마지막 분을 바르듯이 정교하고도 세심한 주의가 필요한 부분이기 때문이다.
  그중에서도 가장 중요한 부분이 접합 부분인 이음매 부분이다. 이음매 부분은 물질의 경계를 허물어버리고 함께 어우러져 하나가 되는 과정을 어떻게 만드느냐에 따라서 도로 자체의 기능을 좌우한다. 연결 작업의 가장 중요한 점이 뜨거운 열기를 계속 지속하여 두 부분의 물질이 녹아 한

덩어리로 뭉쳐지게 만들어야 한다. 뜨거운 열기가 지속되면서 서로가 엉키어질 때 두 물질의 차이는 사라지고 똑같은 일체의 모습으로 나타난다. 또한 중요한 것이 속살의 부드러움을 찾아내어야 한다. 아스팔트는 굵은 골재(자갈)와 석분이 아스팔트에 배합되어 그 역할을 담당한다. 연결부분을 작업할 경우는 부드러운 석분부분을 골재와 분별하여 부드러운 속살 부분 들로만 접합시켜야 하는 것이다. 자연스레 굵고 큰 자갈들은 버려지는 역할을 스스로 감당해야 한다. 이렇게 섬세한 작업 후 골고루 펼친 다음 강한 다짐을 통하여 원활한 도로를 만든다.

이러한 도로공사는 편리함을 더욱 추구하는 환경과 차량의 늘어감에 따라 어느 지역에서나 자주 볼 수 있고 보수공사도 더욱 많이 발생한다. 이러한 공사 현장에서는 뜻밖의 민원이나 황당한 일들도 자주 발생한다. 경상남도 하동에서의 일이었다. 하동읍에서 쌍계사로 향하는 국도변 어느 마을 포장 공사 때의 일이다. 양쪽으로 배나무 과수원들이 많이 늘어선 조그만 마을이었다. 큰 도로에서 마을로 진입하는 작은 진입로와 마을 앞 과수원 둘레길이 포장 구간이었다. 어느 마을이나 도로포장 작업을 할 때면 많은 동네 사람들이 구경을 하거나 작업하는 모습을 지켜보면서 지적하고, 무언가를 요구하는, 실없이 책임감 없는 감독자들이 마을 내 한두 명 정도는 꼭 있게 마련이다.

그 사람들이 가장 유심히 지켜보는 부분은 이음매 연결 부분이나 경계 지역인 도로 가장자리가 대부분이다. 더욱이나 과수원, 또는 논농사나 밭농사의 전답, 경계 부분은 유난히 신경을 쓰며 살펴본다. 그러므로 작업을 하는 우리로서는 이음매 부분이나 가장자리는 특히 세심한 주의를 기울인다. 요즈음은 시골 지역은 인구가 많이 줄어 그날은 동네 사람들이 별로 보이지 않는다. 가끔 나이가 지긋한 어르신 몇 분이 수고의 인사만 건네주곤 하였다.

농촌의 인심은 도시보다는 각박하지는 않다. 더욱이나 경상남도 그중에서도 우리나라에서 자고 일어나면 땅이 솟아오른다는 이야기가 흔하듯 땅의 질이 가장 좋다는 하동 지방의 인심은 시원한 물 한잔에도 고마움이 넘쳐난다. 아스팔트 공사는 재료 자체가 워낙 열기가 많기에 잠시 쉬는 동안에는 작은 그늘을 찾기 마련이다. 좌우에 늘어선 배나무 과수원 쪽으로 자꾸만 발길이 간다. 자그마한 배나무 밑이지만 더위를 피하는 방법의 하나로 이용한다. 한참의 작업 중 배나무 과수원 가장자리 부분에 도로 쪽으로 기다랗게 흙더미가 약 1미터 넓이로 쌓여있었다. 가까이 가보니 과수원과 도로가 겹치면서 아마도 농기구를 주차하여 과일을 적재하든지 아니면 과수원 거름을 옮기는 장소로 이용한 듯 보였다. 주위를 돌아보니 과수원에는 아무도 보이지 않았다. 이럴 때가 우리가 많이 고민하는 부분이다. 과수원 주인도 없는데 일방적으로 흙더미를 치우고 포장해야 할지 아니면 생겨있는 그대로 보기는 싫어도 그대로 작업을 할지를 결정해야 한다.

여러 중장비를 동원해서 도로를 포장할 경우는 다짐이 중요하기에 아스팔트 포설하고 나면 수차례 타이어 롤러를 가지고 다짐을 한다. 다짐을 하고 아스팔트가 식고 굳어지면 단단한 표면은 쉽게 새로이 재작업하기는 쉽지 않다. 한참 동안 망설이던 우리는 그대로 작업을 진행하기로 했다. 모두의 의견들이 '괜한 민원 만들지 말자.'였다. 그때였다. 마을 쪽에서 건장한 40대의 남자가 걸어왔다. "보세요, 이렇게 큰 공사 하면서 저렇게 쌓여있는 흙들은 좀 치워주시고 포장을 해주셔야 하는 거 아닙니까? 재료가 비싸지만 그 정도는 서비스하셔야지요." "그냥 지나가면 포장 가장자리 선도 맞지 않고 보기도 싫지 않습니까?" "아니 우리가 해드리지 않으려 하는 것이 아니라 저 부분은 포장이 돼 있지 않아서 일방적으로 하기는 좀," "괜찮습니다. 해주세요, 일단 보기가 좋아야지요."

우리는 잠시 기계를 정지하고는 모두 흙더미를 치우고

깨끗이 비질하고는 아스팔트 포장을 하였다. 제법 많은 시간을 허비하고 땀들을 흘렸지만 작업을 해놓고 돌아보니 눈으로 보기에도 깔끔하고 공정에는 없지만 조그만 도움을 주었다는 자부심에 마음 한구석에는 작은 기쁨이 솟아올랐다. 그런데 그 40대 남자는 작업 과정을 아무 말 없이 바라보더니 작업이 끝날 즈음에는 사라져 버렸다. 이상스레 고맙다는 인사 한마디도 없이.

오후 작업이 거의 끝내갈 즈음이었다. "여기 책임자 누구입니까? 감리는 없어요?" 지긋한 연세의 밀짚모자를 쓴 전형적인 농사꾼 차림의 한 사람의 모습이 눈에 들어왔다. "왜, 무슨 일이신지? 어디 작업할 부분이라도?" "아니 작업을 해야 할 일이 아니라 작업을 수정해야 할 일이 있어서요, 도대체 누구 말을 듣고 남의 과수원을 망치려고 작심했는지? 상식도 없는 작업을 한 겁니까?" "아스팔트가 뭐가 좋다고, 하여튼 책임자 좀 봅시다." 화가 무척이나 난 얼굴이었다. 도대체 무슨 일인지?

우리는 모두 그의 뒤를 따랐다. 영문도 모른 채 설마 그 흙더미, 정말이지 그가 발을 멈춘 장소는 오전에 40대 남자가 요구해서 힘들게 작업을 한 과수원 가장자리였다. "여기 과수원 쪽으로 포장이 50센티나 들어와서 포장을 해놓았지 않나요? 비가 오면 아스팔트의 유해한 기름기가 과수원 밑으로 스며드는 것을 누가 책임지겠습니까? 그리고 남의 땅에 물어보지도 아니하고 이렇게 임의로 작업을 하면 어떻게 되는 겁니까?" "모두 파서 아스팔트는 제거해주시고 원래의 모습으로 돌려놓으세요." "아니 오전에 어느 남자가 요구해서." " 어느 남자, 그 사람 찾아오세요. 제가 주인인데, 도대체 누구 말을 듣고, 무슨 말을 하는지."

  그날 우리는 새로운 텀의 노동을 마음껏 하게 되었다. 너무도 잘 다져진 아스팔트를 몇 시간에 걸려 삽으로, 곡괭이로, 거친 숨을 몰아쉬며 헉헉거렸다. 행동을 결정하는 상식은 보이는 것만으로 결정될 일은 아니라는 사실을 느끼게 해준 황당한 민원이었다,

# 3부
## 좋은 글들

나에게 공부란
좋은 글들
붉은 낙엽을 읽고
경애하는 마음으로
글로벌 북극
카타리나 블룸의 잃어버린 명예
땅 끝에서를 읽고
사람이 무기다 를 읽고
니체 더듬이

## 나에게 공부란?

　　수년 전 병마와 한참 씨름하며 마음을 추스르던 시간에 들었던 인문학 실천의 장소에서 차 한 잔을 마시며 그곳을 운영하는 시인에게 물었다. "시를 잘 쓰려면 어떻게 해야 합니까?" 시인의 대답은 간결했다. "시인은 저항정신이 있어야 한다." 교과서적인 간결한 대답에 그 이상의 질문은 이어가지 못한 기억이 떠오른다. 과연 무엇이 저항정신인가? 무엇에 대한 저항정신이 필요 한 것인가? 갈피를 잡지 못한 채 답답한 마음으로 나 자신에게 물음표만 던질 뿐이었다. 그러던 중 '나를 찾아가는 글쓰기'라는 산문 강좌에 참여하면서 살아온 시절의 기억을 되새김질해내고 살아가는 내 삶의 근원을 찾으려 적은 노력을 해 보기로 했다.

　글쓰기 강좌에서 만난 글쓰기 도반들의 모임에도 함께 참석할 수 있는 귀한 인연의 끈도 쥐게 되었다.

　"벼리"

글쓰기 모임의 이름이다. 명칭이 나에게는 너무도 와 닿았다. 과연 내가 근본이 되고 뼈대가 되는 줄거리의 삶을 살아갈 수 있을까? 그렇게 살아야 하는 희망의 이름은 틀림없다. 함께 공부한 모든 동료는 놀랄 만큼, 인문학 시인의 강좌를 충실히 공부하고 '환대'의 정신을 보여주는 너무도 아름다운 모습들을 나에게 보여주었다. 이러한 하나의 조각들의 모습은, 아름다운 인연의 끈을 이어가며 세상의 아름다움을 찾아내는 지혜를 향해 나 자신을 더욱 채찍질하고 담금질해야 하는 계기로도 작용하였다. 또한 무엇보다도 나 자신의 마음에 저항할 수 있는 힘! 마음을 스승으로 삼지 않고 마음의 스승이 되어야 하는 힘든 싸움을 해내야 하는 이유를 조금씩은 알기 시작했다.

## 나에게 공부란 무엇인가?

글쓰기 공부하면서 접했던 '담론'의 저자인 신영복 교수는 공부는 살아가는 것 자체이며, 우리는 살아가기 위해서 공부해야 한다고 말하면서 책 말미에 이렇게 적고 있습니다.

"내가 자살하지 않은 이유는 '햇볕' 때문이었습니다. 겨울 독방에서 만나는 햇볕은 비스듬히 내려와 마룻바닥에서 최대의 크기가 되었다가 맞은편 벽을 타고 창밖으로 나갑니다. 길어야 두 시간, 가장 클 때가 신문지 크기였습니다. 그 햇볕을 무릎 위에 받고 있을 때의 따스함은 살아 있음의 절정이었으며 살아가는 생명 그 자체였다고 적고 있다. 그 작은 햇볕만으로 세상에 태어난 것은 손해가 아니라고 말하며 살아가는 이유를 하루하루의 깨달음의 공부라 일깨우며 끊임없는 자기 성찰이 필요하다." 또한 공부에 대하여.

" 공부란 한자어가 상징하듯 하늘과 땅에 연결하되 그 주체는 사람이며 천지를 잇는 공부는 살아가는 것 그 자체이며 인간과 세계에 대한 올바른 인식을 키우는 것이라 말한다. 또한 고행이 전제된 구도 고생이 동반되며 고생하면 세상을 잘 알게 되고 철도 들며 방황과 고뇌가 성찰과 각성이 되기도 하며 살아있는 생명의 존재 형식으로 나타난다. 달팽이도 여름의 폭풍 속에서 세찬 비바람을 견디며 열심히 세계를 인식하고 자신을 깨닫는다고 지적한다. 나아가 공부는 세계 인식과 인간에 대한 성찰로 끝나는 것이 아니라 실천과 변화해야 한다는 점을 강조한다. 즉 '머리'가 아니라 '가슴'으로 하는 것이며 '가슴에서 끝나는 여행이 아니라 가슴에서 발까지의 여행'을 요구하며 진정한 공부는 변화와 창조로 이어져야 한다고 말한다."

- 신영복의 '담론'에서

가슴을 후벼 파는 듯한 공부에 대한 울림의 글을 접하면서 나 자신 어릴 적 공부에 대한 기억을 떠올려 본다.
　어릴 적 내가 살던 곳은 문경이라는 지명을 가진 산간벽지였다. 경상북도와 충청북도와 경계선에 있는 지형이라 무척이나 외진 시골이었다. 그런데도 무연탄 매장량이 많아 일찍이 광산업이 발달하여 벽지치고는 철도시설과 도로의 발달이 잘되어 도시와의 소통이 꽤 잘되는 지역이었다. 일찍 아버지를 여읜 탓에 터울이 많은 차이가 나는 형님을 아버지처럼 생각하였고, 그 긴 터울만큼이나 대하기가 어려웠다. 언론 계통에 근무하고 있던 형은 보통 꼬장꼬장한 성격이 아니었다. 이러한 형 밑에서 초등학교 시절의 나의 공부는 완전 스파르타식 주입식으로 떠밀려 책과 씨름을 할 수밖에 없었다. 그 시절 시골 학교에서 서울학교로 시험을 치러 간다는 것 자체가 교과서를 올인 외우지 않으면 안 되는 실정이었다. 더욱이나 자식이나 형제를 공부시키려고 자신의 어떤 희생도 감내해내는 당시 부모들의 학구열은 눈물겨울 정도였다. 그에 조금이라도 반항이나 거부의 몸짓은 할 수가 없었다. 그러한 계몽주의식 교육열은 나에게 초등학교 졸업식에도 참석하지 못하는 아픈 기억을 만들어 주었다. 처음 입시에 떨어진 나는 선생님과 상의한 형의 지시로 재수하게 되었고 졸업생 혼자만이 두 번의 6학년 공부를 하게 되는 외톨이가 된 것이었다. 지금도 초등학교 동창회에는 어느 한쪽에도 참석하기가 어려운 어색하고도 우스운 처지가 되어버렸다. 떠밀려 하는 공부를 공부라 할 수 있을까?

 재수 시절 입시가 얼마 남지 않은 겨울 어느 날 이었다. 형님은 더욱더 입시 공부를 채근하였다. 그 당시 대구에 있는 누님 집에서 기거하면서 총정리를 하는 시절로 기억된다. 대구지방의 겨울 추위는 대단했다. 특히나 엄동설한의 겨울에는 방문 틈새로 부는 작은 바람에도 한기를 느끼기 일쑤이고, 아침에 문을 열면 문고리가 손가락에 쫙 쫙 달라붙는 일도 자주 있었다. 그런데 형님은 그 추웠던 날 날 밤 책상에 앉아있는 나의 발밑으로 얼음이 담긴 세면대를 받쳐주며 밤사이 졸지 말고 책을 보게 하려는 가혹한 처지도 만들었다. 그때 어린 마음에도 얼마나 원망했던지? 그러나 졸림 현상은 어떤 상황에서도 이겨내기가 어려웠던 것 같다. 나도 모르게 책상 위에 엎드려 잠들고 말았다. 얼마나 잠들었는지 기억이 되지 않았지만 속이 메스꺼움을 느끼고는 차디찬 마당에 누워 있는 것이 아닌가?

 "너 때문에 우리 모두 살았어, 네가 세면대 물을 방바닥에 발로 쏟지 않았으면 우리 모두 연탄가스로 죽었어. 정말 다행이다! 다행! 빨리 이 김칫국물을 마셔, 빨리." 황당했던 공부의 기억이다.

 두 번의 입시시험에도 모두 불합격 낙방하고 말았다. 내 고향 문경에는 새재라는 유명한 고개가 있다. 예나 지금이나 머리를 싸매고 입신양명의 성공을 위해 새재를 넘는 이가 많다. 예전에는 봇짐을 지고 유유히 넘었던 새재가 지금은 시원한 고속도로를 달려 넘어간다. 과거에 서울로 과거시험을 보러 가려면 새재나 추풍령 죽령 등의 이름을 가진 고개를 넘어가야만 했다. 그중에서도 가장 빠른 길이 추풍령 고개를 넘어가는 길이었다. 그런데도 모든 이들이 새재를 넘어 과거를 보러 가곤 했다는 재미있는 이야기가 전해진다. 추풍령을 넘으면 가을의 나뭇잎처럼 우수수 떨어져 모두 낙방한다는 것이다. 아마 나도 경부선 열차를 타고 추풍령을 넘어 입시를 두 번이나 치른 탓이 아닌가 아닐까? 하는 추억의 우스개 위안해본다.

 지난 시절의 공부는 모두가 사지선다형의 객관식 공부였다면 지금의 공부는 나에게는 새로운 주관식 공부가 시작되었다. 살아온 아름다운 기억을 길어 올리고 살아갈 아름다운 기억과 인연을 만들어 가는 것이다. 그중 하나가 나를 찾아가는 글쓰기가 되고 있다. 사람은 나이가 들어갈수록 기억력이 무디어진다. 세월의 무게가 느껴지는 만큼 더욱 결기의 칼을 갈아야 한다. 함께 배우는 도반들보다는 조금 오래 살았는지 만날 때마다 가장 많이 듣는 얘기가 살아온 기억을 글로 쓰라는 얘기다. 그게 쉽게 되는가? 말로는 쉬운데 글은 왜 그렇게 어려운지? 생각은 머릿속에서 맴을 도는데 글은 떠오르지 않는다.

생각은 공부가 아니다! 어쩌면 이 한 문장만 새겨보고 여겨들어도 공부의 '벼리'를 휘어잡을 수 있을 테다. 생각의 바깥은 역시 생활양식의 충실성을 통해서 드러날 뿐이다. 온종일 방안에 틀어박혀 생각만 하느니 다 쓸데없고 책 한 권이라도 제대로 읽는 게 낫다. 말하자면 '생각하되 배우지 않으면 위험하다.'라는 말인데, 이 위험이란 곧 자기-생각을 '자연화'시키는 것을 가리킨다고 보아도 좋다. 그러나 인문학의 공부란 자기 자신의 생각들이 자연스럽지 않다는 사실을 사뭇 뼈아프게 깨치는 일련의 사건들이다.

자기 생각이라는 게 워낙 타인을 배제하는 속성에 젖어 있다는 것이다. 실은 생각이 적어서 공부가 모자란 것이 아니다. 실없이 생각이 많은 데다 결국 그 생각의 틀 자체가 완고한 테두리를 이루는 게 오히려 결정적인 문제다. 이 경우에 전형적인 증상은 냉

*소와 허영이다. 냉소와 허영이란 타인들이 얼마나 깊고 크게 자신의 존재에 구성적으로 관여하는지를 깨닫지 못한 상태를 가리킨다.*

*- 김영민 '공부론'에서*

 글쓰기 강좌에서 강사는 많은 독서와 글이 써지지 않을 때는 베껴 쓰기라도 하라는 가르침을 주었다. 진정한 공부는 변화와 창조가 필요하다고 식자들은 말하지만 어차피나 자신을 찾는 길과 나를 이겨가는 일은 옳은 이들의 삶을 베껴가는 일을 조금이라도 배증시켜가는 것이 아닐까 하고 생각했다. 몇 주간의 강좌를 끝내고 지속적인 독서 모임을 통하여 니체의 책을 뒤적이고, 쇼펜하우어 곁을 헤매고 노자의 사상 속으로 들어가 보려고 더듬거리던 시간이 나에게는 행복한 시간으로 채워지는 듯하다.

 얼마 전 작은딸이 새로운 일가를 이루었다. 결혼을 앞둔 두 사람에게 어떤 말을 해주어야 할까? 많은 망설임 속에서 찾아낸 글귀를 올해 새로 시작한 독서 동아리에서 처음으로 읽기 시작한 책에서 찾았다. 살아오면서 가장 아팠던 숨겨졌던 내 마음을 길어 올렸다. 함께하는 도반의 손 글씨를 빌려 전해주었다.

*"늘 같은 편이 돼라. 세상 모든 사람이 네 배우자에게 등을 돌려도 너만은 배우자 편이 돼라. 자기보다 상대방을 더 위할 수 있다면 가장 좋겠지만, 그게 안 된다면 적어도 자기 다음 자리에는 상대방을 두어라. 두 사람이 서로에게 세상의 으뜸이 되는 것, 상대에게 으뜸 자리를 내주고 스스로 버금으로 내려앉는 것."*

― 고종석의 '어루만지다'에서

처음 글쓰기 강좌를 마치고 나서 세월이 지나면서 이름을 알았던 고향의 '청호반새'의 모습을 떠올리며 적었다.

가끔은 다른 장소에서 그 힘찬 날갯짓을 해대는 것을 보기도 한다. 자그마한 코발트빛 날개, 황갈색의 몸통, 붉은 부리로 푸른 들판을 가로지르며 쉴 틈이 없는 부성을 향한 몸짓을 보여준다. 어릴 적 불안감과 무서움을 일거에 날려버린 그 청호반새를 불러대던 나의 그 형형색색의 호루라기 소리가 그리워진다. 강의 문집을 내면서 글 쓰는 손을 사진으로 실었다. 그 사진을 볼 때마다 공부해야 하는 책임감을 스스로에게 지운다.

*"글쓰기는 그 내면의 운동이라고 믿는다. 성찰과 실천이 일어나지 않는 인문의 한계를 극복하려면 글쓰기를 통한 존재감의 회*

복이 우선이다. 글쓰기는 일상을 지배하고 있는 속도주의와 편리주의와 성과주의를 벗어날 수 있는 인문의 방식이다. 사유와 독서와 감성이 필요한 작업이기 때문이다. 삶의 의미를 묻는 문제, 실존의 방식을 묻는 문제는 편리와 성과로는 접근할 수 없다. 인문을 지향한다는 것은 요구되는 성과와 싸우는 일이다. 여기서 인문학과 싸우는 인문학이 나올 수밖에 없다. 로댕의 말대로 '진보는 느리고 불확실한'것이다. 더 불편하게, 더 천천히 가야 한다."
 -김수우 시인의 '뺄셈의 법칙을 따라가는 글쓰기 공동체" 중에서

 나에게 글쓰기 공부란 노년의 완성된 삶을 살아가기 위한 상책임은 틀림없다. 안개처럼 아른거리는 기억을 두레박으로 퍼내어야 할 일이다. 그러기 위해서는 작은 것에 만족하고 아름다움을 눈이 시리도록 그리워해야 할 이유를 찾아야겠다. 책장 위에 서 있는 예쁜 가시가 박혀있는 솜털 선인장이 눈에 들어온다. 전체가 예쁘니 가시까지도 너무 귀엽다.
 새롭게 시작한 독서 동아리 이름이 '활과 리라'다.
'활과 리라'의 저자 옥타비오 파스는 이렇게 말한다.

"글을 쓴다는 것은 아마도 언젠가 우리가 우리 자신에게 던져서, 그에 대해 답할 수 있을 때까지 끊임없이 우리를 괴롭히는 질문에 대답하려고 애쓰는 것이라고 말하는 것 이외에 더 적절한 정의는 없을 것이다." 위대한 책들, 내가 말하는 위대한 책들이란 꼭 필요한 책들을 의미하는데, 그런 책들은 대부분 사람이 내심으로, 정도의 차이는 있겠지만, 언젠가 스스로에게 던지는 그 질문에 답을 주는 책들이다."

- 옥타비오 파스 '활과 리라'에서

 일주일에 한 번씩 공부하는 모임에서 새롭게 시작하는 '장자' 독서와 에세이 글쓰기 만남은 또 다른 그리움으로 다가온다. 초인종이 울린다. 글쓰기 도반에게 부탁한 책 한 권이 내 앞에 툭 던져진다. 맛 나는 내 공부의 음식으로.
 좋아하는 글귀 다시 베껴본다.
 "언약은 강물처럼 흐르고 만남은 꽃처럼 피어나리."

# 좋은 글들

　　　　인간의 성적 본능은 탐스럽고 환상적인 열매이자 묘약이다. 그리고 그것은 인류의 종족 유지에 필수적이다. 문제는 거기 있다. 만일 인간에게 성욕이 단순히 감각적인 쾌락과 만족에만 있다면 왜 인간은 상대방 이성을 구하는 데 그렇게 까다롭겠는가?

　이처럼 욕정에서 비롯된 사랑의 그리움과 고뇌는 결코 개인의 허망한 욕구에서 나온 것이 아니라 인류라는 종족을 유지하려는 거대한 정신의 탄식일 뿐이다.

　가난 속에서는 몸에 지닌 빛조차 자취를 감춘다.

　자살하는 사람이 삶을 포기하려고 하는 것은 생명 자체의 부정이 아니라 삶의 조건에 절망하고 있기 때문이다. 그는 살려는 의지 자체를 단절하고 싶은 것이 아니라는 뜻이다.

　벗어나고 싶은 것은 생존이 아니라 고뇌이다.

*이 세상의 존재의 무대에서는 인간적인 기준으로 볼 때 인간보다 짐승의 삶이 훨씬 행복하다고 할 수 있다. 그렇다면 사람들은 더 행복하기 위해서 짐승의 삶을 선택해야 할 것인가?*

*- 쇼펜하우어 『사랑은 없다』 발췌*

섬약하고 가녀린 것을 업신여기는 것도 사람의 마음이지만, 그것을 애달파하고 더러 기리는 것도 사람의 마음이다.

*늘 같은 편이 돼라. 세상 모든 사람이 네 배우자에게 등을 돌려도 너만은 배우자 편이 돼라. 자기보다 상대방을 더 위할 수 있다면 가장 좋겠지만, 그게 안 된다면 적어도 자기 다음 자리에는 상대방을 두어라.*

*- 고종석 『어루만지다에서』 발췌*

*패거리 지어서 내 가슴의 진실을 핍박한다. 그 구석에서 절망하는 정신들이 제 원고를 불 지르며 그 시대를 온몸으로 증거 할 뿐이다. 오늘의 시 정신은 어디에 있는가?*

*-정민 『비슷한 것은 가짜다』 발췌*

나는 다만 이렇게 말한다. 그래. 방법을 한번 고민해 보자.

*기억은 늘 가장 연약한 부분부터 깨어난다. 나로선 정리할 수 없고 인정할 수 없는 것. 그래서 완전히 다물리지 않고 내내 들썩이며 신경을 긁는 것.*
*소설을 쓰는 것은 가까운 사람들에게 아주 잠깐씩만 다정해질 수 있는 일인지도 모르겠다.*
- 김혜진 『딸에 대하여』 발췌

*글을 쓴다는 것은, 아마도 언젠가 우리가 우리 자신에게 던져서, 그에 대해 답할 수 있을 때까지 끊임없이 우리를 괴롭히는 질문에 대답하려고 애쓰는 것이라고 말하는 것 이외에 더 적절한 정의는 없을 것이다.*
- 옥타비오 파스 『활과리라』 발췌

# 『붉은 낙엽을』 읽고

　　　　　책의 첫 페이지를 넘기면서부터 글의 긴박한 전개와 머리에 떠오르는 사진 속 그림들 속에서 호기심을 느끼며 읽어나갔다. 차츰차츰 주인공 에릭 무어가 빠져드는 인간의 내면, 의심의 묘사와 고통의 소용돌이가 마지막 부분에 어떻게 정리되는지 궁금하여 책을 모두 넘기면서 한 번도 멈추지 않고 단번에 읽은 작품이었다.

　인간이 살아가는데 삶의 근간을 이루는 가정이 날이 갈수록 기능을 잃고 해체되는 일이 빈번하게 일어난다. 그러한 일들은 외부의 영향을 받든지 아니면 내부에서 생겨나든지 여하튼 안타까운 일들을 자주 목격하는 요즈음 이렇게 아름답고, 섬세한, 작품을 만난 것이 너무도 반갑다.

　작가는 한적한 시골 마을에서 사진관을 운영하며 아내 매러디스, 중학생 외아들 키이스와 안락한 가정을 꾸리고 있는 주인공 에릭 무어를 통해 인간의 내면을 섬세하게 들여다보고 가족이 해체되는 비극적 아픔을 적나라하게 그려내고 있다. 에릭무어에게는 아버지의 파산과 여동생의 죽음으로 붕괴한 아픈 가족사를 이겨내고 열심히 노력해 이룬 가족은 너무도 소중한 존재였다. 그러나 외부로부터 다가온, 아들인 키이스가 마을에서 실종된 소녀의 용의자로 주목되는 순간부터 서서히 의심과 갈등으로 무너져 내리고 만다.

사람에게 있어서 가장 편안한 안식처는 가족과 함께하는 가정이다. 바깥에서 상처받고 시달려도 사랑하는 자식, 아내가 있는 집에 들어가면 위안받고 행복해지는 것이다. 작가는 가족의 중요성을 일찌감치 적고 있다.

*따스한 만족감이 너를 감싸며 내려앉고 너는 깨닫는다. 너를 성취감으로 뿌듯하게 채워주는 것은 집이나 사업이 아니다. 네 삶에 깊이를 주고 중심을 잡게 해준 것은 가족이다. 가족으로부터, 조용히 뿌리를 내린 느낌과 안온한 행복을 결코 얻은 적이 없었음을 그 여름의 막바지에 깨달았던 네 아버지와 달리, 너는 너의 가족을 통해 일생 최고의 승리를 거두었음을 알게 된 것이다. (p.12)*

어쩌면 작가는 이러한 행복을 지키기 위해서는 무엇이 필요한가? 독자가 스스로 답을 찾기를 바라는 것이 아닐까? 그러면서 작가는 글에서 그 중심에 '의심'이라는 단어를 둔다.

*의심은 산이다. 그게 내가 아는 한 가지다. 산은 물건의 매끄럽게 반짝이는 표면을 먹어 치우고 지워지지 않는 흔적을 남긴다. 의심은 아래로 내려갈 수밖에 없고, 오랜 신뢰와 헌신의 수준을 차례차례로 부식시키며 더 낮은 수준으로 내려간다. 의심은 언제나 바닥을 향한다. (p.114)*

우리 마음속에 자리 잡는 의심과 오해는 눈을 멀게 하고 편견을 가지게 하며 사리 판단을 흐리게 한다. 그러면서도 서서히 스멀스멀 기어들어 오는 의심은 쉽게 버릴 수도 없고 밀어내는 방법이 어렵다. 인간이 이겨내야 할 가장 아픈 콤플렉스가 아닐까? 책에서 그려진 여러 의심의 군상들을 살펴본다.

*그가 했던 말속에서 어떤 불길한 단서도 보이지 않았다. 나쁜 일이 생길 것 같은 느낌도 전혀 없었고, 중심이 무너졌다는 생각도 전혀 들지 않았다. ( p.16 )*

*침대로 돌아왔지만 잠은 완전히 달아났고, 설명하기 어려운 불편한 기분이었다. 사물의 본성에 내재한 무엇인가가*

*암암리에 내게 적대적인 방향으로 바뀌고, 내 오랜 확신을 약화하는 느낌, 마치 집의 튼튼한 기초 아래의 땅속 어딘가에서 미세한 떨림이 생겨난 듯했다. ( p.32)*

*나는 다른 불안의 파도가 밀려오는 것을 느끼고 마당으로 걸어 나가 밤에 묶인 하늘을 올려다보았다. 옛날의 나는 별들의 순수한 아름다움 속에서 편안함을 느꼈다. 하지만 지금은 반짝이는 빛 하나하나가 오직 그날 밤의 알 수 없는 전조등 불빛을 생각나게 할 뿐이었다. 나는 핸들 뒤에 앉은 정체 모를 인물을 상상하고 있다. ( p.142 )*

*그러나 진짜 이유는 훨씬 단순했다. 실은 그날 아침나절에 모든 문제가 일거에 사라져 버릴 수도 있다는 비이성적인 희망에 빠져들었다……그리고 결국 우리는 고통 없는 죽음과 영광스러운 부활이라는 마지막 희망의 끈을 놓지 못한다. ( p.147 )*

*메러디스에게 고백할 것을 요구했다면 그녀는 어떤 행동을 했을까? 내 내면의 혼탁한 심연에서 솟아 나온 생각은 여전히 그곳에 존재하고 있었다. ( p.230 )*

작가는 주인공을 의심의 폐해를 통하여 결국은 스스로를 부식시켜 절망적인 상황으로 몰고 간다.

*"난 이제 정말 당신을 모르겠어요." 그녀가 덧붙였다. 그러고는 몸을 돌려 휭하니 2층으로 올라가 버렸다. 나는 메러디스가 한 말의 뜻이 뭔지 알았다. 그리고 그녀는 절대로 허투루 말한 게 아니었다. 메러디스는 거짓 신호를 보내거나 허세를 부리는 여자가 아니었고, 벼랑 앞에서 멈춰 서거나 저지른 행동을 돌이키려 하는 여자가 아니었다. 뭔가 우지끈 무너졌는데, 그건 우리를 잇고 있던 다리였다. 나는 처음 그 순간, 얼얼하게 따귀를 얻어맞은 것처럼 메러디스의 눈이 뿜어내는 열기를 느끼던 그때부터 이미 알고 있었다. 그녀와의 관계를 회복하는 데는 오랜 시간이 걸릴 것이고, 아예 회복이 불가능할지도 모른다는 것을. ( p.324 )*

작가가 마지막 귀결을 극적인 죽음의 묘사로 끝낸 부분에 있어서 경악과 전율을 느꼈다. 책장을 넘기며 행복한 가족의 마무리를 기대하던 바람이 한순간 무너져 버렸다. 죽음으로 독자에게 주는 작가의 메시지는 무엇일까? 만약 그렇지 않았다면? 피할 수 있는 죽음을 그대로 방치한 것이 아닐까? 각자의 생존은 전적으로 각 개인의 일이며 각 개인의 책임으로 환원될 수밖에 없는가?

　작가의 글을 다시 발췌해본다.

*　너는 워랜, 메러디스, 키이스를 생각한다. 네가 짧은 시간 유지했고 그리고 의심했고 , 결국 잃어버린 가족을 생각한다. 너의 집을 마지막으로 훑어봤던 일이 떠오른다. 진입으로부터 현관으로 이어지던 구불구불한 보도. 튼튼한 그릴. 아주 오래전 네가 심고 아꼈던 일본단풍나무가 떠오른다. 그 마지막 날 너는 그 나무 아래 땅을 바라본 적 있다. 너무나 심한 좌절을 겪고, 크고 작은 의심에 하도 심하게 시달린 탓에, 너는 벌거벗은 그 나뭇가지 밑에 보이는 것이 피가 고인 웅덩이인지, 아니면 그냥 흩어져 있는 붉은 낙엽인지도 분간할 수 없었다. ( p.344 )*

　글을 읽는 내내 가슴속에는 쉽게 다가갈 수 있는 근거 없는 해석과 불완전한 자기만의 생각들로 주인공이 점령당하듯 나 자신도 매몰되는 대리 체험에 빠질 수밖에 없는 두려움을 느꼈다. 작가는 글 마무리에 모든 지난 일 들을 회고하며 치유로 글로 마감한다.

*　"나는 그 끝에서 출발할 거야." 네가 에이미에게 말한다.*

*"내가 집을 떠났던 그 날로부터."*
*그리고 다음 순간, 마치 가족사진 속에서처럼 네게 미소가 떠오른다. ( p.344)*

  책을 덮으며 생각나는 이 간절함, 주위를 돌아보며 조금 더 사랑하고 싶다.

# 경애하는 마음으로 (경애의 마음을 읽고)

　　　　　삶을 살아가며 길을 걷다 저만치 앞서가는 이들의 뒷모습이 아는 이들과 너무도 닮아 보여 총총걸음으로 헐레벌떡 달려 앞서서 쳐다보면 너무도 다른 모습들에 그 자리에 털썩 주저앉아 버리고 만다. 그러다가 또 한참 멀리서 다가오는 닮은 이들의 모습들에서 자리에 멈추어 서서 하늘을 보는 이들이 얼마나 많은가? 하얀 쌀밥 위에 얹혀서 살포시 입안 가득히 곰 삭인 맛을 느끼게 만드는 깻잎 잎사귀 맛처럼 다가오는 겹겹이 헤쳐지는 그런 소설이다. 내 주위에도 많은 다른 사람 이름들의 경애가 있고, 상수, 조 선생, 일영, 다정, 유정, 산주라는 이름들이 곁에서 살아간다.

그리고 경애 엄마가 있고 상수 아버지 상수 형이 있다. 그 중에서도 가장 정겨운 이름이 조 선생인 듯 느껴진다.

글 속에서 불에 확 덴 화끈함을 느낀다.

내가 근무하던 수십 년 전 어느 회사에도 민주화라는 열풍은 비껴가지 못했다. 여느 기업보다도 최고의 동종 노동

조건에도 변화를 바라는 욕구는 더 나은 삶과 내일의 희망을 더욱 푸르게 요구하며 농성에 돌입했다. 되돌아보면 시위문화가 발달 되지 않고 조직화 되지 않았던 그 시절에 흔들어대던 자그만 하얀 손들이 눈에 아른거린다. 경애가 너무 부럽다.

조 선생이 정겹게 느껴지는 이유는 그 당시는 모두가 조 선생이었지 않나 생각해본다.

*"누구를 인정하기 위해서 자신을 깎아내릴 필요는 없어. 사는 건 사소의 문제가 아니라 그네의 문제 같은 거니까 시간이 지나면 서서히 내려오는 거야. 서로가 서로의 옆에서 그저 각자의 그네를 밀어내는 거야." (p.27)*

급격하게 무너지고 있었다. 대열이 무너졌고 사람이 구호가, 거기에 담았던 마음들이 무너지는 동안 경애는 오해받았다. 회사 측에서 심어놓은 프락치가 아니냐는 사람도 있었고 그렇게 제보해서 얼마를 받았냐는 말도 들렸다. 머리까지 밀더니 그동안 쇼한 거냐고 비아냥대는 사람도 있었고 경애가 파업을 무마시키는 대가로 자리를 보장받았다더라, 하는 말들이 떠돌았다. 그때에도 조 선생만은 괜찮다고 말해주었다. 사실 가장 괜찮지 않은 사람이 그러는 것을 경

*애는 알고 있었다. (p.30)*

경애하는 마음으로 살아야 하는 이유는 많다. 나를 응시하는 눈들이 있고 감촉을 느끼지는 못해도 언제나 스쳐 가는 바람결들이 있다. 부드럽게 또는 강하게 불어대는 바람들이 나를 지탱하게 하는 힘이 아닐까?

*경애의 엄마는 들어와서 방을 둘러보았다. 그러니까 세탁기를 돌리지 않아 아무 바구니에 수북이 담긴 경애의 지난 계절의 빨래들을. 여름이 왔는데도 그렇게 방치된 점프와 티셔츠, 양말, 장갑, 담요와 속옷들을, 그리고 누군가가 아주 구겨버린 것처럼 방안에 웅크리고 있는 경애를, 경애 엄마는 세탁기를 돌리기 시작했다. 오전에 시작해 저녁까지 이어진 그 빨래는 세탁기를 일곱 번 돌려야 할 정도로 많았다. 하지만 경애 엄마는 그 일을 다음으로 미루지 않고 그날 다 해냈는데 그렇게 해야 경애가 일어설 수 있다고 믿었기 때문이었다. (p.101)*

*일영은 그런가, 이렇게 서 있으면 경애에게 불리한가 싶어서 주저했는데 나중에 김유정이 차를 타고 가면서 " 피*

켓을 한 명씩 돌아가며 들면 돼요!" 하고 일러주고 갔다 (p.313)

그렇게 해서 고통을 공유하는 일은 이토록 조용하고 느리게 퍼져나가는 것이라는 사실을 느꼈다. 밤이 깊어지듯이 그리고 동일하게 아침이 밝아오듯이. (p.319)

살아가는 힘든 기억을 가슴 한편에 밀쳐놓는 것이 아니라 일깨워서 자유로운 인간의 삶을 찾아가며 상처로 남은 굴욕들이나 흔들리며 부러지던 일상들을 새로이 하나하나 일으켜 세우는 일이 아니던가? 오랫동안 가슴에 잠겨있던 상흔들이 경애의 마음을 통해 날려 보낸다.

"죄를 지었죠?"
그래도 경애는 물었다.
"죄를 지었습니다." 그가 선선히 답했다. 그러자 경애는 더는 물을 수가 없었는데 이번에는 그가 기타를 다시 고쳐 매며 경애에게 물었다.
"자매님. 여기 출구가 어딥니까? 계단으로 올라가면 들어온 문이 나옵니까?"

*경애는 치미는 뭔가를 참기 위해 주먹을 쥐고 있다가 풀며 이내 문이 있는 쪽을 손가락으로 가리켰다. 그리고 남자가 그쪽으로 올라가는 모습을 끝까지 지켜보았다.(p. 346)*

조금 큰 눈으로 돌아보면 세상은 작은 아름다움이 너무나 많다. 그 아름다움을 찾아 시간을 유영하는 경애의 마음으로 경애하는 마음으로 살고픈 마음으로 책을 덮는다.
상수와 함께 그 밤의 도시를 내려다보면서 이런 노래를 불러주었던 어머니

*삶을 살아가는 동안 언젠가
네 마음을 뒤흔들어놓을
그런 여자를 찾을 거야.
그리고 그런 뒤에는 도시를 등지게 되지만
아침에 눈을 떠보면
여전히 그녀를 떨쳐버릴 수가 없을걸.*

*네가 할 수 있는 최선은
사랑에 빠지는 거야
네가 할 수 있는 최선은
사랑에 빠지는 거야 (p.332)*

## 글로벌 북극을 읽고

저자는 책머리에 이 책의 화두는 글로벌 경제와 북극은 어떤 관계가 있는가를 알아보는 일이라 썼다. 그러면서 글로벌 경제는 바로 현재의 경제 이슈가 더 이상 한 국가의 리더십에 의존하지 않는다는 것을 인식하는 데서 출발한다. 글로벌 경제를 운운하면서 북극을 끌어들인 것은 이 책에서 공유하고자 하는 시간대가 과거도 현재가 아닌 '미래'에 있기 때문이다. 북극은 미래 자원의 보고이자 지구 온난화의 상징인 북극곰의 서식지이다. 북극은 국경 분쟁으로 팽팽한 긴장감이 감돌지만 잘 쓰고 다음 세대에 물려주어야 할 모두의 유산이라고 말한다.

북극을 지구의 극한 지역과 빙하와 하얀 설원에서 느리게 걷는 북극곰의 모습만을 연상하며 지구 온난화의 상징으로만 생각하며 지나온 것이 사실이다. 이 책은 이러한 우리에게 가장 쉽게 북극을 접하게 만든다.

책에서는 경제의 한 분야에 치우치지 않고 에너지 시장,

환경, 안보 분야로 세분하여 철저히 전문적인 통계와 수치를 통하여 현재를 살피고 미래의 숙제를 제시하고 있다. 미래 에너지 자원의 보고인 북극의 시장을 선점하기 위한 각국의 경쟁은 치열하다. 이러한 자원의 개발에 국가 간의 협력을 통한 우리나라의 참여가 절실하다고 이야기한다. 특히 젊은 인재들의 적극적인 긴 안목이 필요함을 강조한다. 또한 북극은 기후변화의 중심이며 이러한 기후변화는 지구를 몸살하게 만들며 우리가 살아가는 생태계 관리의 중요성을 지적한다. 쉬운 예를 들면 무분별한 개발에 의한 탄소 배출은 태양에너지의 반사율이 70% 이상인 북극의 눈과 얼음을 녹게 만들고 지표에 흡수되는 태양에너지의 양을 급격하게 증가시켜 북극 온난화의 기후변화를 만든다. 그로 인한 불규칙한 기후변화는 우리가 살아가는 생태계에 재앙으로 나타나기도 하는 것이다.

책에서는 이러한 기후변화 변동성 문제는 인간을 포함한 생태계에 직간접적으로 상호작용을 통하여 불균형을 초래할 수 있는 우려를 지적하며 에너지 시장을 여러 통계와 수치 등을 세밀하게 나열하면서 북극과 글로벌 원유시장, 유가를 움직이는 요인들을 살펴보고 있다. 그러면서 우리의 나아갈 길을 제시해주고 있다.

우리의 전력 계통은 1차 에너지를 90%이상 해외에서 수입하는 구조에 있다 보니 수요관리가 공급관리보다 더 힘을 발휘해야만 했다. 우리가 팔 수 있는 것은 원자재가 아닌 서비스나 시스템이 되어야 할 것이다. 이 부분에 있어서 많은 고민이 필요하다. 즉 북극권과 상생할 수 있는 파트너십에 대해 열린 사고가 필요하다. 북극의 자원을 가져올 생각도 좋지만, 우리의 우수한 시스템을 팔 수 있는 판로로 개척한다면 후손들에게 좋은 동기부여가 될 것이다. 저자의 이러한 미래를 내다보는 안목은 깊게 새겨야 할 부분이다. 또한 북극과 환경 분야에서는 기후변화와 탄소시장을 살펴보고 국제 탄소시장 및 북극권 국가의 기후정책들을 살펴보며 정부와 기업들에서 나아가야 할 기후정책에 대하여 정부와 산업계의 소통 중요성을 강조한다. 다양하게 많은 소통의 기회를 마련하여 효율적인 방향으로 나아가야 한다.

  북극은 군사, 정치, 경제, 사회적 쟁점의 최전선이다. 책에서는 이렇게 적고 있다. 북극이사회를 구성하는 회원국은 주변국과 다른 독특한 그 무엇이 있다. 그들은 석유와 가스를 생산하고, 또 국제 정세의 열쇠를 쥐고 있다. 러시아를 제외하면, 북대서양조약기구의 회원국으로 이루어져 있다. 기구의 시각에서 볼 때 북극은 최전선이라고 표현해도 과장된 것은 아니다. 저자는 북대서양조약기구의 본질은 군사동맹이라고 보고 있다. 또한 우리나라의 북극이사회 정식 옵서버 국가 자격취득 과정을 살펴보고 우리나라의 북극 진출 현상을 살펴본다. 또한 북극항로와 지정학적 리스크를 살펴보고 북극과 안보에서 절대 빠질 수 없는 핵 분야를 적고 있다. 북한의 전략을 알레의 역설이라는 게임 이론으로 비추어보며 북한의 핵 게임이 한반도 안보를 위협하는 중요한 일이라 지적한다. 게임이 아니라는 것이다.

마지막으로 저자는 북극권 경제의 명과 암에서 북극권 경제는 우리나라보다 모두 다 잘 산다. 부유하다. 하나 같이 자원이 풍부하고 정치적으로 안정되고 사회적인 문제도 상대적으로 적다. 이러한 것은 경제의 엄격성 존중의 결과다. 그러나 엄격성 이면에 경직된 시스템 등 합리적이지 못한 부분이 존재하는 사실이 경제의 명과 암이라 표현하고 있다.

책을 처음 접하며 책 표지에 기록된 '2030년 에너지와 환경의 미래는 북극에 달려있다.'라는 글귀가 책갈피를 넘기게 했다. 전문적인 분야의 지식과 더욱 심도 있는 정독이 필요한 한 권의 꼭 필요한 나의 양서가 되었다. 저자의 머리말을 몇 번이고 되새겨 본다. "북극에는 원초의 매력이 있다. 북극은 미래를 위한 자원의 보고이다. 북극은 국경 분쟁이 극명한 곳이라 팽팽한 긴장감이 감도는 곳이지만, 다음 세대를 위해 잘 물려주어야 할 인류 모두의 유산이기도 하다"

# 카타리나 블룸의 『잃어버린 명예』를 읽고

저자는 책 첫머리에 반어법을 통해 다음과 같이 적고 있다.
이 이야기에 나오는 인물이나 사건은 자유로이 꾸며 낸 것이다. 저널리즘의 실제 묘사 중에 〈빌트〉지와의 유사점이 있다고 해도 그것은 의도한 바도, 우연의 산물도 아닌, 그저 불가피한 일일 뿐이다. 그러나 당시의 잘못된 〈빌트〉지를 역설적으로 강하게 비판하는 듯 느껴진다. 또한 저자는 자극적인 신문 보도에 영향을 받고 책을 썼음을 에둘러 표현하고 있다.

서술하는 문장의 구성에서 리포트나 보고자료 같은 형식을 취하면서 조사, 수사 과정을 묘사해가면서 지인들을 인용하며 인물들을 철저히 관찰하는 점을 통하여 실제 일어난 사건을 접하듯 사실감이 느껴진다.

아래의 보고를 위한 자료가 나온 몇 가지 부차적인 원천과 세 가지 주요 원천이 있다. 라는 첫 문장부터 보고서 형식을 담아내고 있다. 이러한 형식은 직접적인 표현 방법이 아닌 관찰자적인 방법으로 표현되는 형식으로 인하여 쉽게 이해하기는 무척이나 어렵게 느껴지는 글이다.

대강의 줄거리는 평범한 이혼녀인 카타리나 블룸은 어느 날 댄스파티에서 '괴텐'이라는 남자를 만나 사랑에 빠지고 자신의 집으로 데려가 하루를 보낸다. 그러나 상대인 괴텐은 경찰의 추적을 받는 은행 털이범 강도 용의자인 범죄자였다. 이를 안 카타리나는 괴텐을 빠져나가게 도와주면서 범죄자를 도와준 혐의로 수사받게 된다. 이 과정을 보도한 자이퉁은 그녀의 심문 내용과 지인과의 인터뷰를 자극적으로 왜곡 보도하면서 카타리나의 명예를 순식간에 추락시키고 카타리나 자신과 주위의 가족, 친했던 지인들도 함께 피해를 보게 된다. 이러한 사실에 분노를 느낀 카타리나는 자이퉁의 기자 퇴르게스와 인터뷰하던 도중 분노를 참지 못하고 기자를 죽이게 된다.

이러한 대강의 줄거리 안에서 언론이 나름대로는 성실하게 주위에도 인정받고 살아온 주인공을 단순한 은행 강도의 공범이 아닌 파렴치한 사람으로 몰아가며 처지를 극한 상황으로 내몰게 되는 사실들을 수사 보고 형식을 빌려 세밀하게 표현하고 있다.

저자가 전달하려는 의미는 분명하다. 언론이 어떻게 평범한 개인을 망치고 이러한 언론의 폭력으로 인하여 어떻게 또 다른 폭력을 만들게 하는지를 보여주려 한다. 어마어마한 영향력을 가진 언론은 카타리나의 명예를 훼손할 뿐만 아니라 그의 어머니를 죽게 만들고 그와 친하게 지내던 주위의 블로르나 가정까지 경제적, 심리적으로 피해를 주며 카타리나가 살인이라는 폭력을 만들어내는 계기가 된 점을 지적한다.

책에서는 언론의 폭력을 당한 개인이 그 폭력에 관한 결과로 극단적인 살인사건을 저지르는 폭력의 가해자로 변해버리는 극단적인 선택의 과정을 세밀히 묘사하고 있다. 또한 언어의 폭력에 대한 개인이 심정적으로 피폐해가는 모습을 그리고 있다.

현재의 우리 사회에서도 이와 유사한 사건들이 지금도 무수히 발생하고 있다고 본다. 선정적인 제목으로 독자들로 하여금 기사를 클릭하게 만들어 호기심 또는 군중심리를 유발하고, 특정세력에 치우쳐 반대 세력에 대한 음해도 언론이라는 수단을 통하여 통제 또는 억누르는 수단으로 이용하거나, 알 권리라는 미명으로 경제적 이익을 취하려는 보도 등이 무수히 일어나고 있음을 우리는 자주 목격하고 있다. 또한 옳지 않은 사실도 때로는 왜곡되어 정의로 둔갑하여 우리의 눈을 어지럽게 만드는 일도 자주 언론을 통하여 접하게 된다.

저자는 언론의 폭력에 대한 책임을 한 기자의 죽음으로 마무리하고 있지만 실제는 언론 폭력에 방관하는 독자에게 보내는 경고의 메시지가 분명하다. 하지만 왜곡된 교묘한 언어와 자극적인 표현으로 실린 본문의 글을 접하면 과연 어떤 방향으로 마음이 움직일까?

본문에 실린 언론 보도를 인용해본다.

여전히 자유의 몸이고 정체를 알 수 없는 카타리나 블룸의 입증할 수 있는 첫 번째 희생자는 바로 그녀의 어머니라고 할 수 있다. 그녀의 어머니는 딸의 행실에 대한 충격으로 살아남지 못했다. 어머니는 죽어 가고 있는데 그 딸은 강도이자 살인자인 한 남자와 다정하게 춤추었다는 것 자체가 이미 너무 기이한 일이고, 그녀의 어머니 죽음 앞에서 전혀 눈물을 흘리지 않았다는 것은 거의 극도의 변태에 가깝다. 이 여자는 정말 '얼음처럼 차갑고 타산적일까? 명망 있는 시골 의사인 그녀의 예전 고용주의 부인은 이렇게 묘사한다. "그녀에게는 진짜 창녀 같은 기질이 있어요. 난 자라나는 내 아들들, 우리 환자들 그리고 내 남편의 명망을 위해 그녀를 해고하지 않을 수 없었답니다." 카타리나 도 악명 높은 패너른 박사의 횡령 사건에 관여했을까? 그녀의 아버지는 꾀병쟁이였을까? 그녀의 오빠는 왜 범죄자가 되었을까? 여전히 불분명한 것은 그녀의 갑작스러운 출세와 높은 소득이다. 이제 최종적으로 확실해진 사실은, 카타리나 블룸이 피로 물든 괴텐의 도주를 도왔다는 점이다. 그녀는 어느 명망 높은 학자이자 사업가의 우정어린 신뢰와 자발적으로 도와주려는 마음을 악용했다. 그사이 본지에 거의 확고히 입증된 정보들이 제보되고 있다. 그녀가 신사 방문을 받은 것이 아니라, 그녀 자신이 별장을 찾아내기 위해 청하지 않은 숙녀 방문을 했다는 것이다. 블룸의 그 비밀스러운 드라이브 여행은 이제 비밀스럽지 않다.- 중략-

경찰이나 검찰청은 블룸의 혐의를 완전히 없애려고 하는 파렴치한 괴텐을 정말 믿을 생각인가? 본지는 수차례 반복하며 문제를 제기한다. 우리의 심문 방법이 너무 부드러운 것은 아닌가? 비인간적인 인간을 인간적으로 대해야 하는가? (p118)

쉽게 접할 수 있는 언론들의 실상 표현을 생생하게 서술한 저자의 표현방식에 이끌려 생생한 현장감을 느끼게 해 준다.

책을 읽으면서 전체적인 줄거리는 쉽게 접근되었지만 서술방식과 언어에 대한 민감성, 표현에 대하여 자세하게 이해하기에는 어려움을 겪어 짧은 기간의 독서에는 느낌이나 평을 하기는 이르다는 생각이 든다. 인문학적 가치를 찾아 곁에 두고 가끔 읽어야 할 귀한 책이다.

# 『땅 끝에서』를 읽고

　　　　책 표지에는 작은 소제목으로 '알려지지 않은 남극과 북극의 역사'라는 글이 표기되어있다. 극지방에 문외한이었던 독자로서는 새로운 눈을 열게 해주는 경이로운 책이었다. 어쩌면 내가 읽고 느낀 소감은 이 책을 추천하는 전문 산악인의 추천사에 너무도 동감이 간다.

　지금껏 극지방에 관해서 이토록 흥미진진하고 아름답게 쓰인 책은 본 적이 없기 때문이다. 그것도 그렇게 풍부한 이야깃거리를 담고서 말이다. 극지방 영웅들의 손에 잡힐 듯 생생한 일화, 전 지구를 통틀어 의미심장한 역할을 해왔던 양대 극지방의 연대기적 역사는 물론 자원개발의 허와 실, 극지방 오염 실태와 여러 생명체에 대해서도 아주 자세히 실려 있다. 이 모든 자료를 수집하고 꼼꼼하게 기록한 저자 키어린 멀바니의 노력에 박수를 보내고 싶다. 독자들을 사로잡는 이보다 훌륭한 극지방 역사서를 찾아보기란 불가능할 거라고 감히 말해둔다.

지구의 기후에 극지방은 깊은 영향을 미친다. 남극과 북극에서 발생하는 돌풍은 추위를 몰고 오며, 극지방 바다의 얼음이 녹고 기온이 상승하고 염분이 짙어지는 현상은 전 세계 해류를 움직이는 엔진에 시동을 걸고 지구를 온난화시키는 결과로 나타나 인간이 이룬 산업화를 되돌아보는 계기도 만들기도 한다. 극지방의 이야기는 다른 어떤 곳과도 전혀 다른 두 지역의 이야기다. 새로운 미지를 개척해가는 탐험가들의 인간성과 자연을 황폐화하는 또 다른 인간성의 그림자를 들여다보게 한다.

많은 탐험가는 북극과 남극을 정복하고 먼 지방에 빛을 비추고 했지만 그에 대한 대가로 자신의 생명을 지불했다. 책에서는 명백한 성공보다 영웅적인 실패를 선호한 영국인들의 찬미 대상으로 거론되는 스콧 탐험대의 죽음을 기록하는 장면이 있다.

"잠깐 밖에 나갔다 오겠어. 시간이 좀 걸릴지도 몰라."라고 말했다고 스콧의 일기에 적혀있다. 그는 비틀거리며 텐트 밖으로 나가 거센 눈보라 속으로 걸어 들어갔다. 그의 시신은 나중에도 발견되지 않았다. 아마 오츠의 죽음은 더 이상 견딜 수도 피할 수도 없는 고통스러운 삶의 종말을 어떻게 하든 조금이라도 연장해보려는 욕구조차 상실된 데서 비롯된 자살이었을 것이다. 그러나 영국의 대중들 대부분이 스콧의 기록으로 선택한 추론과 그들의 민족정신 속에서 좀처럼 사라지지 않는 해석은, 동료에게 짐이 된다고 생각하여 공동의 선을 위해 냉정하게 자신을 희생한 사심 없는 한 인간의 죽음이었다는 것이다. 대중에게 보내는 최후의 메시지에서 스콧이 분명히 말하고 있듯이 "이 탐험은 .... 영국인들이 고난을 견뎌내고, 서로 도울 수 있으며, 고금에 전해지는 이야기만큼 위대한 불굴의 용기로 죽음을 맞이할 수 있다는 것을 보여주었다."

 이러한 신개척지를 찾아 탐험하고 인류에게 새로운 삶을 개발시키는 이야기가 책 구석구석에 적나라하게 펼쳐져 있다.

 펭귄은 남극에 살고 북극곰은 북극에 산다. 이것은 쉽게 기억할 수 있는 차이점이지만 많은 차이점 가운데 하나일 뿐이다. 남극과 북극은 공통적인 특징도 있다. 세상의 양 끝이라는 상대적 위치의 혜택으로 남극과 북극은 모두 여름 동안에는 끊임없이 계속되는 햇빛을 즐기며 겨울에는 끝없이 이어질 것 같은 밤을 견뎌낸다. 양쪽 다 특히 겨울에는 지독하게 춥다.

 책에서는 북극과 남극에 대해 세세히 살펴지고 있다. 그 중에서도 북극지방에 대한 한 단면을 기록한 글을 발췌해 본다.

북극지방은 더 이상 거의 생물이 존재하지 않는 금단의 영역이 아니다. 겉보기에 그곳은 당장에, 혹독한 추위가 감싸고 있던 변경에서 풍요의 지역으로 변한다. 그리고 바로 그러한 풍요로움으로 인해서 북극의 생물 종 가운데 또 한 종, 즉 좀 더 최근에 나타난 종 가운데 한 종이 러시아 북부 지방의 추운 내륙에서부터 그린란드의 해안지역까지 두루 걸쳐서 계속 살아갈 수 있게 된 것이다, 이 생물 종은 다름 아니라 세상에서 가장 수가 많으면서 가장 널리 분포하는 거대한 포유류를 대표한다.

　저자는 고래잡이에 대하여 많은 부분을 적어놓고 있다. 고래잡이의 역사를 한눈에 볼 수 있도록 여러 가지 치수와 통계를 통하여 밝히고 있다. 저자가 이야기하고 싶었던 점은 인간의 개발과 상업화의 부조리를 지적하는 것 아닌가 생각한다.

　과학자와 환경 운동가들의 우려는 엄연한 현실이었지만, 에스키모들의 분노는 오로지 당혹감에 의한 것이었다. 백인들이 이누피아트의 영토에 무단으로 들어와서는 북극고래를 베링해 밖으로 쫓아냈으며, 뷰포트해에서는 거의 씨를 말렸다. 그렇게 해놓고 인제 와서는 북극고래의 생존이 우려되므로 이누피아트는 어느 곳에서도 북극고래를 잡을 수 없다고 말하고 있는 것이 아닌가.

 인간이 남극과 북극에 관여한 오랜 역사를 통해서 볼 때, 극지방은 고래와 물개같이 이미 다른 곳에서는 고갈된 '자원'을 보유하고 있다는 매력이 있었다. 혹은 세계의 다른 지역에서 이미 성행하고 있는 산업을 팽창시키고 지속시킬 기회를 제공하는 '자원' 때문에 매력을 갖고 있다. 극지방의 비밀은 천천히 벗겨졌지만, 오랫동안 문명 세계로부터 고립된 채 대체로 인간의 손길이 닿지 않았다. 탐험가, 포경선원, 물개 사냥꾼과 많은 사람은 파도처럼 밀려들어 원하는 것만 얻어 집으로 돌아갔다. 하지만 이제 사정이 달라졌다. 오늘날 남극과 북극 지역에는 경계를 넘어 들어온 인간들의 활동이 활발하게 진행되고 있다. 또한 시간의 흐름에 따라 지구도 점차 변해가고 있다. 그러한 우려를 책에서 찾아본다. 얼음과 눈에 대한 해빙의 위험을 다음과 같은 한 젊은 마을 사냥꾼은 노래하듯 되풀이한다.

 올해 눈이 많이 내리지 않았다. 캠프에 가려면 이 산들을 건너야 한다. 길의 상태가 몹시 나쁘기 때문에 사람들은 지체없이 짐을 꾸려서 집으로 간다. 눈이 없고 바위들이 많이 드러나 있다. 11월까지 눈을 거의 볼 수 없다. 대체로 9월 말경에 눈이 내렸다. 여름 몇 달 동안 구름이 끼고 이슬비가 내린다. 이제 그름도 이슬비도 없으며 햇빛이 더 많다. 이전보다 매우 따뜻해졌다.

  얼음과 눈이 지구 온난화 현상으로 사라져버리는 극지방의 한 단면을 보여주는 주민의 이야기다. 점점 뜨거워지는 지구를 식혀야 하는 방법을 강구해야 하는 우리 인간들의 몫이다. 북극 지역이나 남극지역은 오랫동안 사람들의 상상력을 자극해왔다. 이 책에서는 여러 방향으로 이 신비한 땅의 빗장을 열어 보인다. 고고학자인 윌리엄 테일러의 북극과 남극에 대한 미묘한 차이의 반영을 살펴보면서 옆에 두고 찬찬히 다시 읽어보아야 할 귀한 책이다.

  남쪽 사람들은 극지 부근의 광대한 세계가 외따로 있으며, 텅 비어 있고 춥고 적대적이며 치명적인 곳이라고 보통 생각한다. 때로는 그 말도 맞다. 그러나 남쪽의 거대한 도시의 환경 역시 그렇다. 북극지방은 험상궂은 달 표면 같은 곳일 수는 있지만, 다채롭고 장엄하고 고요하며 기억에 남을 만큼 아름답고 때로는 너그러운 곳이기도 하다. 아주 북쪽에는 곰이 어슬렁거리고 폭풍이 몰아치며 지독하게 춥기도 하지만 살찐 땅벌들이 노란색의 고운 북극 양귀비 주위를 윙윙거리며 날아다니기도 한다.

# 세상에는 생각보다 좋은 사람들이 많습니다.
## -『사람이 무기다』 책을 읽고

저자는 머리말에 오늘의 시대에 가장 필요한 것이 무엇인가에 의문을 던지며 그 답을 인간으로 귀결한다. 그러면서 유방이라는 한 인간의 삶을 통한 교훈을 우리에게 가장 가깝게 다가가게 만든다.

코로나 팬데믹으로 촉발된 변화의 시기에 이제 우리는 다시 세상에 나서야 합니다. 완벽하게 변해버린 세상에 맞서 용감하게 나아가야 합니다. 이때 우리가 손에 쥔 무기는 무엇일까요? 우리가 이겨내기 위해, 또는 우리를 지키기 위해 반드시 가져야 할 무기는 무엇일까요?

재택근무와 원격 근무 등이 일상이 되었던 시기를 겪으며 갈고 닦은 IT 기술일까요? 아니면, 우리 인간을 대신해 많은 일을 훌륭하게 처리하고 있는 AI 기술일까요? 또는 내연기관을 밀어내고 이제 모빌리티의 대세가 된 전기차 기술일까요? 유용한 수단은 될 수 있겠지만 완벽한 무기는 될 수 없을 것 같습니다.

저는 우리가 다시 한번 손에 쥐어야 할, 그리고 머리와 마음에 담아야 할 무기는 '인간'이라고 생각합니다.

수천 년 전 유방이 그랬던 것처럼 말이죠. 그러면서 저자는 저자가 살아오면서 유방의 삶을 함께 살아온 경험담을 이야기해 준다. 책 속의 글로 들어가 본다.

제가 어려움을 겪을 때마다 가장 강력한 무기가 되어 준 것은 가족이었습니다. 배움이 짧고 가진 것 없으셨지만, 저를 낳아 길러주신 부모님은 그 존재만으로 제가 열심히 노력하고 쓰러져도 다시 일어날 수 있게 만들어 준 가장 강력한 '무기'였습니다. 사업을 하면서 부정한 방법에 한눈팔거나 도덕적인 나태함의 유혹에 빠져들려고 할 때마다 저를 단단히 붙들어 매주고 그 모든 유혹에 맞서 싸울 수 있도록 도와준 것은 현명한 아내라는 '무기'였습니다. 다시 한번 배움의 길로 뛰어들어 박사학위를 따고 다른 이들에게 지식과 정보를 나눠주는 교수로 나설 때 가장 도움이 된 '무기'는 믿음직스러운 두 아들과 며느리, 그리고 귀여운 손주였습니다. 더불어 21세기의 전쟁터에서 만났던 숱한 동료들, 선후배들이 모두 든든한 무기가 되어 주었습니다.

 어쩌면 저자는 유방의 삶을 세세한 부분들을 파헤쳐 우리에게 주려는 이미지는 주위 인간 모두를 향한 환대의 정신과 공유의 삶을 살아가는 우리 공동체의 사랑을 얘기하는 점이라고 생각된다. 비천한 가문에서 출생한 유방이 주위의 유능한 인간들을 찾아 함께 공유하며 환대해 가면서 어렵고 절박한 환경 속에서 좌절하지 않고 패배를 승리로 바꾸어가는 삶의 지혜와 한 인간이 주는 위대함을 우리에게 전해준다.

 유방이 지금으로부터 수천 년 전에 태어나 잠시 활약하고 사라져간 기원전의 인간이 아니라 21세기의 우리와 함께 호흡하고, 책을 읽는 독자들 곁으로 다가와 그 특유의 능글맞으면서도 진솔한 목소리로 자기 삶과 지혜를 들려줄 수 있도록 했습니다. 어려운 시기를 살아가는 우리 모두에게 작은 희망과 깨달음의 메시지가 될 수 있기를 기원합니다.

 유방의 지혜를 알기 쉽게 가르쳐주는 여러 단원 중에도 머리를 두드리는 글월이 책을 덮은 후에도 계속 기억 속에 남겨진다. 얼마면 무릎을 꿇으시겠습니까? 우리는 매일 매일 일터로 나간다. 무수히 겪는 사회생활에서 실제 조그만

일에도 자존심을 굽히려 들지 않는다. 자신을 굽히는 행동이나 모습들이 남에게 지는 일인가 하는 불필요한 착각 속에서 다툼이 일어나고 그 다툼은 더욱 크게 확대되어 여러 모순이 발생, 불화로 변해가는 모습들을 너무나 많이 보고 겪는 것이 아닐까? 저자는 이렇게 말한다.

무조건 납작 엎드린 채 살라는 얘기가 아닙니다. 자존심 따위는 개나 줘버리고 배알도 없이 지내라는 것도 아닙니다. 아무리 없이 살더라도, 아무리 어려운 상황에 부딪히더라도 한 사람의 인간으로서 지켜야 할 존엄성이 있고, 버려서는 안 되는 가치들은 있는 것입니다. 다만, 자신이 진정으로 절실히 원하는 것을 앞에 두었을 때 그를 위해 잠시 다른 가치들은 뒤로 미뤄두고 원하는 것만을 향해 질주할 수 있는 '집중과 몰입의 능력', 해내야 하는 일을 하기 위해 개인 차원의 체면과 자존심은 잠시 감춰둘 수 있는 '인내심과 참을성', 현재 처한 상황에 맞춰 자기 행동을 유연하게 선택할 수 있는 '융통성과 적응력',을 갖춰야 이 험한 세상 속에서 자신이 진짜 원하는 것들을 얻을 수가 있음을 말씀드리고 싶습니다. 유방 역시 이날 홍문에서 꿇었던 몇 번의 무릎 덕분에 이후 더 큰 꿈을 모색할 수 있었습니다.

우리는 현대의 사회를 불신의 시대라고 흔히들 말합니다.

주위를 쉽게 이해하고 믿는 신뢰의 모습들이 잘 보이지 않는 것이 요즘의 현실이 아닐까 생각합니다. 저자는 항우와 유방을 비교하여 항우의 용인술인 '인완폐'라는 문구를 인용 믿음과 신뢰의 중요성을 우리에게 가르쳐줍니다. 중요한 일은 상대방이 아닌 나 자신의 신뢰가 중요한 일임을 강조해 주고 있습니다.

즉 벼슬과 병력을 주고, 호강시켜주며 잘 대해 주었지만, 진정 한신의 마음을 사로잡은 것은 자기 사람에 대한 유방의 깊은 믿음 덕분이었습니다. 항우는 유방과 조금 다른 모습을 보였습니다. 그 역시 수십만 통솔한 대군이었기에 부하들의 마음을 사로잡았고 그들과 일정 수준 이상의 믿음과 지지를 주고받았지만 거기까지였습니다. 그는 믿는 척했지만, 진심으로 신뢰하지는 못했습니다. 오죽하면 항우의 용인술과 관련하여 '인완폐'라는 문구가 전해질 정도입니다. 인완폐는 '도장의 모서리가 닳아서 희미해지다'는 뜻으로 항우가 부하들의 전공을 평가하여 토지와 병력을 나눠줄 때 그를 증명하는 도장을 만들어 놓고도 주머니 속에 넣고 손으로 하도 만지작거려서 대상자에게 주기도 전에 모서리가 다 닳아버린 일에서 유래한 문구입니다. 이래서 부하에 대해 신뢰하지 못하고 사소한 것도 믿고 맡기지 못하는 모습에서 유방과 항우의 격차는 크게 벌어지고 말았습니다.

 또한 저자는 승리와 실패의 연속인 우리네 일상에서 실패를 이겨내는 방법을 항우와 유방을 비교하여 유방을 닮아야 하는 이유를 명쾌하게 분석해 주고 있다.

 **첫째 유방은 빠르게 패배의 현실을 인정했습니다.**

 성공한 이들이나 높은 지위에 올랐던 이들도 실패의 축에도 못 드는 사소한 실수를 저질렀음에도 스스로 몰락해 버리는 경우가 있습니다. 상당수가 자신이 당한 패배 상황을 인정하지 않고 받아들이지 못해 극심한 스트레스 또는 인지부족의 상태를 겪다가 무너져 버리는 것이 가장 흔한 경우입니다. 반면 유방은 자신이 당한 '비현실적인 수준의 패배'도 그대로 받아들였습니다.

 **둘째 유방은 패배의 원인을 자신에게서 찾았습니다.**

 우리는 터무니없이 큰 실수를 저지르거나 실패를 맛보면 그 원인을 나 아닌 다른 사람으로부터 찾으려는 버릇이 있습니다. 그저 솔직 담백하게 모든 것이 자신의 불찰이고 잘못이라고 시원하게 시인했습니다. 그런 모습을 지켜본 진정한 인재들이 그에 곁에 남았고 그로부터 패배를 만회할 수 있는 실마리가 생겨났습니다.

 **셋째 유방은 패배로부터 배우고자 했습니다.**

모두가 실수할 수가 있고, 실패를 경험하기도 합니다. 인간이라면 한두 번 실수나 실패하지 않고 살아갈 수 없습니다. '죽어도 실수나 실패하지 않겠다'라는 것은 우리가 선택할 수 없는 답안지입니다. 그러나 적어도 우리는 유방과 같은 실패를 할지? 아니면 항우와 같은 실패를 할지? 선택할 수 있습니다. 여러분은 어떤 실패를 하시겠습니까?

이 글을 읽고 난 이후에는 당연히 유방의 실패를 배워야 하는 마음을 다잡아 본다.

저자가 유방을 통하여 우리의 삶을 더욱 인간적으로 윤택하게 만들고 싶어 하는 것은 무엇일까? 책 속에 그려진 유방의 승리를 향해가는 현명한 여러 모습은 마지막에는 저자가 얘기한 무엇을 남기는 사람이 될 것인가? 라는 글이라 생각한다.

현대를 살아가는 우리에게는 준엄한 인간성의 회복이 필요하다고 말한다.

자신의 이름이 얼마나 소중한지 깨닫고 이름을 더럽힐 짓은 하지 말며, 조금 힘들고 어려운 길이라고는 해도 이름값을 더 높일 수 있는 일하는데 힘써야 한다는 말이 널리 퍼졌습니다.

세상에는 생각보다 좋은 사람들이 많습니다. 이런 분들이 펼치시는 사회적 책무, 노블레스 오블리주가 앞으로 우리 사회를 더 따뜻하고 달콤하게 만들어 주리라 확신합니다.

 저자가 우리에게 주는 항우의 삶을 가르쳐주는 희망의 소리에 고마움을 느끼지 않을 수 없었다. 또한 금수저를 이겨낸 흙수저 유방의 삶을 세세히 분석 파헤쳐 쉽게, 내가 살아가는 삶을 비교하게 해주는 재미에 책을 덮을 때까지 시간 가는 줄 몰랐던, 옆에 두고 가끔씩 펼쳐 보고 싶은 귀한 책이다. 마지막 책 말미에 적혀있는 글귀를 다시 읽어본다.

 우리가 소인배라고 부르는 이들은 아무리 지위가 높고 가진 것이 많아도 어떠한 일을 할 때 일부터 봅니다. 그러나 우리가 보통 성인군자라고 부르는 이들이나, 일을 잘하는 인재라고 부르는 이들은 어떠한 일을 할 때 사람부터 봅니다. 단순해 보이지만 그 차이에서 위대한 성공과 처절한 실패라는 커다란 격차가 생겨난 것입니다.

## 니체 더듬이

      나를 찾아가는 글쓰기 공부 과정에서 니체를 만난 것은 나에게는 커다란 또 하나의 큰 짐을 진 느낌이 든 까닭은 아마도 살아온 삶을 돌아보며 짙은 아쉬움의 허무감을 가지게 되지 않을까 하는 두려움 때문인 것도 사실이다. 니체는 가까이 갈수록 난해함을 보여주고 끝이 없는 미로의 골목길을 걷는 기분을 느끼곤 하였다. 그럴 때마다 떠오른 생각은 쉽게 접 할 수 있는 방법이 없을까? 하는 바람이었다.
  '삶이 사상이고 사상이 삶인 철학자' 니체는 스스로 "나의 삶은 또 하나의 사상이다."라고 말하고 있다. 그의 삶은 그 자체가 고통이었다. 그의 사상을 이해하려면 먼저 그의 삶을 살펴보아야 한다.

### 니체의 삶
  니체는 1844년 10월 15일 프로이센(독일)의 작센 지방의 작은 마을인 뢰켄에서 루터교 목사의 아들로 태어났다. 그의 이름은 프러시아의 왕인 프리드리히 빌헴름 4세에게서 빌려온 것으로, 빌헴름 4세는 니체가 태어나던 날에 나이가 49세를 넘어있었다.(니체는 훗날 그의 이름에서 가운데 있는 "빌헴름"을 빼버렸다.) 니체의 아버지인 카를 빌헴름 루트비히 니체(1813~1849)는 루터교회 목사이자 전직 교사이었고, 프란치스카 윌러(1826~1897)와 1843년 결혼하였다. 그의 여동생인 엘리자베스 니체는 1846년에 태어났고, 뒤를 이어 남동생인 루드비히 요셉이 1848년 태어났다. 니체의 아버지는 뇌 질환으로 1849년에 세상을 떠났다. 그의 어린 남동생은 1850년에 죽었다. 그 후 가족은 나움부르크로 이사를 하였고, 그곳에서 니체의 할머니와 어머니 프란치스카, 아버지의 결혼하지 않은 두 자매, 두 하녀와 함께 살며 어린 시절을 보냈다. 니체의 할머니가 1856년 세상을 하직하자, 가족은 그들의 집으로 이사했다.

## 학교

1851년 니체는 소년학교에 출석했고 그다음에는 사립학교에 다녔다. 1854년 그는 나움부르크에 있는 돔 김나지

움에 다니기 시작하면서 특출한 재능인 음악과 언어를 발휘하기 시작했다. 그 후 국제적으로 유명한 슐포르타에 동료들과 입학 1858년부터 1864년까지 공부하였다. 그는 파울 도이쎈, 칼 폰게르드로프와 친구가 되어 시를 짓고 음악을 작곡하는 데 시간을 들였다. 그곳에서의 니체의 중심은 고대 그리스와 로마였다. 또한 그곳에서 조그만 시골 마을의 기독교적 환경에서 이루어지는 삶으로부터 거리를 둘 수 있었다.

1864년 졸업 후 니체는 신학과 고대 철학을 본 대학에서 공부한다. 짧은 기간 동안, 그는 도이쎈과 함께 대학생 학우회의 구성원이 되었다. 한 학기 후에 어머니의 분노에도 불구하고 그는 신학 공부를 중단했고 자신의 신앙도 상실했다. 그 후 프리드리히 빌헬름 리츨 교수 밑에서 철학을 공부하는 데 집중하였고, 이듬해 그는 리츨을 따라 라이프치히 대학으로 옮겼다. 이 무렵 니체의 첫 철학 저서의 출판이 이루어지게 된다.

## 철학 공부, 군 복무, 교수 생활

1865년 니체는 쇼펜하우어의 글들을 알게 되었고, 1866년 프리드리히 알베르트 랑게의 책을 읽으면서 그의 지평을 철학을 넘어서는 영역까지 확장하였으며 그의 학업을 지속하게 하는 자극제가 되었다. 1867년 군에 자원하여 1867년 10월 군에 입대하였다. 그는 포병으로 근무 도중 말을 타다가 사고를 당해서, 가슴을 심하게 다쳐 후송된 후에 군 복무를 지속할 수 없었다.

그 결과 장기간의 병가를 받고 관심을 다시 학업에 두며 1868년 라이프치히 대학에서 공부를 계속했다. 학업을 끝낸 후 그다음 해에 바그너와 처음으로 만났다. 24살에 리츨교수의 도움으로 스위스 바젤 대학교의 고전문헌학 교수에 취임하였다. 그는 프로이센 국적을 포기했으며, 죽는 순간까지도 공식적인 시민권이 없었다고 한다. 그는 1870년에서 1871년까지 프랑스.프로이센 전쟁에서 군의관으로 활동하였다. 카우크만은 그가 군의관 활동 당시 매독에 관심이 많았다고 한다.(어떤 이들은 니체가 미친 까닭이 매독 때문이라고 주장도 하지만 뜬 소문에 불과하다고 많은 이들이 보고 있다.)

니체는 대학교에서 취임 강의로 "호메로스와 고전문헌학"을 연설했다. 신학과 교수인 오버베크와 어울리고 러시아 철학자 스피르, 동료 역사학자인 야고프 부르크 하르트 등도 니체에게 중요한 영향을 끼친 것으로 보인다. 니체는 1868년부터 바그너와 만나기 시작하여 매우 긴밀한 관계를 유지하기도 하였다. 바그너의 뛰어난 제자로 인정받았지만, 바그너가 점차 기독교화되고 기독교적인 도덕주의 모티브를 많이 이용하고, 국수주의와 반유대주의에 빠지자 그와 결별했다. 그 후 1873년 『반시대적 고찰』을 쓰고 1878년 특유의 경구가 가득한 『인간적인, 너무나 인간적인』을 출판하였다. 그 후 많은 책의 저술 활동하였다. 그러나 잦은 병치레와 건강 악화로 1879년 바젤대학교를 퇴직하고 조용히 산속으로 들어가 요양과 집필에 전념했다.

### 철학자 생활과 죽음

35세에 대학교에서 퇴직한 그는 강연도 그만두고, 병든 몸이 적응할 수 있는 곳을 찾아 유럽 각지를 돌아다닌다. 1889년 1월 이탈리아 토리노에서 졸도후 정신병원에 입원하여 생애의 마지막 10년을 보냈다. 니체는 정신병 발작을 일으킨 후 완전히 정신 상실자가 되었고 이때부터 어머니와 함께 예나에서 거주했다. 어머니가 죽자 누이동생 엘리자베트가 니체를 바이마르로 옮겼고, 니체는 1900년 8월 25일 죽었다. 누이동생은 고향인 뢰켄의 아버지 묘 옆에 니체를 안장했다.

## 사상

 니체의 사상을 이해하려면 진지하게 그의 삶을 들여다볼 필요를 느끼게 된다. 끊임없는 고통에 시달리고 죽음이 바로 눈앞에 와 있다는 것을 항상 의식하면서 철저하게 사유하는 사상은 어떤 성격일까? 그냥 논리적으로 일관성 있게 만들어가는 사상이 아닌 몸으로부터 나오는 사상을 전개한 것이 니체이다. "네가 산보 하면서 사유하지 않은 사상에 대해서는 의심을 품어라"라고 이야기한다. 골방에서 턱을 괴고 생각하는 사상은 진정한 사상이 아니고 불현듯 찾아오는 사상이 진정한 사상이라고 단언하며 끊임없이 자연과의 소통을 요구하며 의심을 주문한다. 이러한 의심이 새로운 세계를 열며 기존의 가치에 대한 무조건적 믿음은 낯선 것, 이질적인 것, 다른 것을 배척하며 말한다. 종래의 사상이 삶을 좀먹고 생의 활력을 앗아 간다고 인식하며 그 퇴폐성을 비판한다.

 "살아있는 것을 발견할 때마다 나는 권력의 의지도 함께 발견했다." 삶이 있는 곳에서는 자기를 인식하고 자기를 확장하며 자기를 표현하고자 하는 근본적인 충동 같은 것이 있는데, 이 충동을 표현하는 방법을 '권력에의 의지'라고 니체는 자신의 사악한 시선으로 바라본다. 진짜보다는 가짜가 많고 진리보다는 우상이 많다고 이야기할 때 그 우상과 허구를 만들어 내는 것은 다름 아닌 권력에의 의지이다. 이러한 니체의 끊임없는 의심과 다양한 질문들은 지금까지 일상화된 세속화되어 살아온 우리 자신들의 삶을 돌아보게 한다. 니체가 진단한 시대의 질환들을 살펴보지 않을 수 없다. 어떠한 것들이 존재하는가?

지식과 정치, 과학 기술혁명에서 야기된 여러 가지 이성의 전횡에 의한 궁핍화와 왜곡, 민주의 허울을 쓴 대중정치와 대중문화에 의한 인간을 상하로 구분시키고, 만능을 구가하는 과학기술의 횡포들, 그것에 의한 자연 유린 등으로 표현될 수 있다. 이 질환의 뿌리를 니체는 플라톤과 그리스도교의 초월적 이념과 신앙을 지목하고 이념과 신앙을 하나로 묶어 '신'이라 부르고 신의 죽음을 선언했다. 그리고는 진정한 인간으로 돌아가는 길은 낡은 가치를 파기하고 새로운 가치의 세움이 필요하다며 이 작업을 가치의 전도라 부르고 새로운 가치는 그동안의 초월적 이념과 신앙, 그리고 도덕을 버리고 자연으로 돌아가야 한다며 루소의 말을 빌려 "자연으로 돌아가라!"고 호소한다.

모든 시대의 현자들은 삶에 대해 같은 결론을 내렸다; 삶은 의미 없는 것이라고 말이다.

-『우상의 황혼』

"마누, 플라톤, 공자, 유대교 교사들과 기독교 교사들 ,이들은 거짓을 지껄이면서도 그것이 자신의 권리임을 믿어 의심치 않았다."
"기독교는 대중을 위한 플라톤 사상에 불과하다."
 -『선악의 저편』서문

  신은 죽었다. 신의 죽음이란, 인간이 만들어낸 최고가치의 상실을 의미한다. '신의 죽음'이란 종교 또는 이상주의 등의 신앙이 상실된 상태를 가리키는 표현이다. 즉 "신의 죽음이란 허무주의(니힐리즘)의 도래를 가리키는 표현이다." 최고가치의 상실과 허무주의의 출현은 다음과 같은 질문을 낳는다. "삶의 최고가치가 상실된 상태에서 개인은 어떻게 살아야 할 것인가?"
 -『유고』에서

니체가 말한 허무주의는 두 가지 뜻이 있다.
수동적 허무주의와 능동적 허무주의다. '수동적 허무주의'는 약자들에게서 찾아볼 수 있는 것으로서 쇠퇴한 니힐의 현실을 직시할 것을 회피하고 찰나적인 향락주의나 무관심한 이기주의 등 퇴폐적인 삶에 의해 공허감을 채워보려는 것이다. 여기서 허무주의는 잠재적인 형태로 예감될 뿐이며 그 참된 극복은 무한히 연기된다. 이에 대해 소모적인 현실 도피의 삶을 거부하고 니힐의 병의 근원 한가운데로 적극적으로 개입함으로써 허무의 현실을 초극하려는 것이 '능동적 허무주의'이다. 이러한 능동적 허무주의의 입장에서 현존하는 가치나 질서가 뽐내는 권위를 파괴해 갈 때, 거기에 새로운 가치를 자유로이 창조할 수 있는 가능성이 싹튼다. 우상의 가면을 벗기는 이기로써 무를 내세움으로써 무를 단순한 생의 소모 원리로부터 생의 창조 원리로 전환시켜 나가는 '능동적 허무주의'야 말로 허무주의 현대를 살아가는 지혜로운 방식이라고 니체는 말한다.

자연은 다양한 형태의 힘이 지배하는 힘의 세계다. 자연에는 선도 없고 악도 없다. 자연은 도덕의 실체가 아니다. 보다 많은 힘을 확보해 자기를 전개하려는 의지가 있을 뿐이다. 존재하는 모든 것은 주어진 상태에 만족하지 않고 보다 많은 힘을 얻기 위해 끝없이 분투한다. 힘에서 밀리는 순간 도태되기 때문이다. 니체는 이 힘에의 의지를 인간의 삶과 역사를 포함해 세계내의 모든 운동을 추동하는 것은 물론 우주 운행을 주도하는 원리로 받아들여 영원회기 교설을 제시하며 또한 허무주의를 극복하는 방법으로 "운명

애"라는 경지를 요구한다. 이를 위한 인간이 위버멘쉬라는 우리가 성취할 최고 유형의 인간을 말하며 인간 사육을 요구하기도 하였다. 이 요구가 진의와는 달리 순수 우생학으로 읽히면서 인륜에 반하는 도발로 해석되기도 하였다.

위버멘쉬는 어원적으로 '뛰어넘는 인간'을 뜻한다. 다시 말해 극복하는 인간이며, 극복함으로써 창조하는 인간이다.『차라투스트라는 이렇게 말했다』'새로운 우상에 대하여'

위버멘쉬는 초월적, 신적인 힘을 갖춘 존재를 의미하는 것이 아니다. 종래의 탈아 적 가치를 극복하고 새것을 생성시키는 인간을 의미한다. 철학자 이진우는 위버멘쉬를 "살아가는 것 자체에 의미를 부여하고 그 순간에 의미를 부여, 실존 자체가 존재 이유가 되어 스스로 미래를 약속할 수 있는 사람. 자기를 긍정하고, 사는 세상을 긍정할 수 있는 가치를 창조해 나가는 사람"이 니체가 말한 초인이 아닐까 라고 이야기한다. 깊이 공감되는 말이다.

니체는 신이 죽은 시대를 말한다. 삶의 목적과 방향을 잃어버린 시대를 철학적으로 고발하며 '신의 죽음' '권력에의 의지' '초인' '영원회기' 같은 개념들은 모두 허무주의를 살아가는 우리 삶의 민낯을 그대로 보여준다. 그 개념들을 따라가면서 21세기 신이 죽은 시대에 적합한 삶의 양식을 사유하여야 한다. 또한 유의미한 '삶의 양식' 있다는 믿음이 가장 중요하다. 하지만 서두에서 말했듯 가까이 가면 갈수록 더듬거려진다. 몇 개월간 몇 권의 니체 관련 서적과 씨름하며 그 믿음을 구하려 노력해 보지만 역부족이다. 우선 그에 대한 답을 "니체 어떻게 읽나?" 『니체』 정동호 지음에서 찾아보기로 한다.

### 관점주의

"잠시도 쉬지 않고 변화하는 이 세계 어디에도 필연적이며 보편적인 것은 존재하지 않는다고 본 니체는 인식 주관으로 시선을 돌려 설혹 그런 것들이 있다고 해도 우리에게 그런 것을 인식할 능력이 있는가를 물었다. 이는 절대 인식이란 것이 가능한가 하는 물음으로서, 이때 절대 인식이란 모든 이해관계와 조건들로부터 자유로운 자립적이며 무제약적인 인식을 가리킨다. 맥락에 따라 손수 인식이라고도 하며 주관에 예속되지 않았다는 의미에서 객관적 인식이라고 한다. 만약 그런 인식이 가능하지 않다면 우리에게 절대니, 필연이니, 보편이니 하는 것들은 공허한 이야기가 될 것이다. 니체의 대답은 절대 인식이 가능하지 않다는 것이었다.

그는 절대를 인식할 조건이 우리에게 마련되어 있지 않다고 보았다." (머리말 48)

변화 속에 있는 대상을 있는 그대로 포착하려면 가능한 많은 관점을 동원할 필요가 있다. 관점을 바꾸어가며 대상의 앞뒤, 주위를 두루 살펴볼 필요가 있다. 그러고 나서 주어진 전망을 임의의 취사 없이 모두 받아들여 벽돌을 쌓아올리듯 대상을 구성하면 된다. 이렇게 되면 대상은 다차원의 움직임 속에서 보다 생생하게 되살아난다. 이것이 니체가 대상 포착 방법으로 제시한 '관점주의'다. 황희 정승의 이야기로 쉽게 이해해 보기로 한다.

정승댁 하녀 둘이 말다툼하고 있었다. 손님이 오시니 먼저 음식부터 장만해야 한다는 하녀와 청소부터 해야 한다는 하녀 사이의 말다툼이었다. 음식부터 장만해야 한다는 하녀의 말을 듣고 정승은 "네 말이 옳다."했다. 이에 청소부터 해야 한다는 하녀가 청소부터 하는 것이 순서가 아니냐고 묻자 정승은 "네 말도 옳다."했다. 지켜보고 있던 조카가 "숙부님, 이 사람 말도 옳고 저 사람 말도 옳으면 도대체 누가 옳은 겁니까? 어느 한쪽은 그른 것 아닙니까?" 정승이 대답했다. "듣고 보니 네 말도 옳구나." 그러자 부인이 나섰다. "아랫사람들이 다투는데 누가 옳고 누가 그른지 명확하게 밝혀주지 못하시면서 나랏일은 어떻게 보십니까?" 부인의 이야기를 들은 정승이 말했다. "당신 말도 옳구려."

 이 정도면 무소신 우유부단의 극치다. 그러나 극단적인 예이긴 하지만, 관점주의 시각에서 보면 사실이 그렇다. 하녀들은 전체를 내려다보는 눈을 갖고 있지 않기 때문에 매사 주어진 국면 하나에 집착한다. 즉 하나밖에 모른다. 조카는 진위와 정부가 분명한 사람, 순진한 사람, 흔히 말하는 논리적인 사람이다. 그에게는 진 아니면 위, 정 아니면 부밖에 없다. 부인도 마찬가지다. 그러나 정승은 사태를 여러 가지 관점에서 보고 있고, 그런 그에게 순서는 크게 문제가 되지 않았다. 음식이 장만되고 청소가 되어 있으면 된다. 이처럼 그는 협소한 논리를 벗어나 있었다. 정승이야말로 포괄적 안목을 대변하는 인물로, 그를 두고 무소신 우유부단 운운할 것이 되지 않는다.

 니체에 따르면 관점주의는 강자의 인식 이론이다. 달라지는 관점을 두루 수용해 주어진 현실을 역동적으로 체험한다는 것은 내부 분열에도 불구하고 그 사태를 단순화하지 않고 받아들일 수 있는 강인한 정신이 없다면 불가능한 일이기 때문이다. 이처럼 니체의 글은 관점주의로 읽어야 상충하고 모순되는 글들을 조금씩 이해되는 듯하다.

 인간 고급화의 길을 인간의 정신적 성숙을 촉구함으로써 인간이 지닌 가능성을 일깨우고, 인간의 자기 신뢰를 회복시키는가 하면 인간에게 추구할 이상을 제시한 인도주의적 사상가로 볼 수 있는 이유도 이런 관점주의로 읽어야 가능해진다.

 니체가 위험하다고 여겨지는 이유는 무엇일까? 역설적으로 들릴지 모르지만 그가 '정직'하기 때문이다. 정직하다는 것은 아무것도 감추지 않는다는 것을 말한다. 모든 것을 적나라하게, 설령 그것이 수치스럽고 떳떳하지 못한 것이라 할지라도 있는 그대로 폭로하는 것이 정직이다. 우리가 감히 입에 올리지 못하는, 그렇지만 곰곰이 생각해보고 끝까지 밀고 가다 보면 누구나 수긍할 수 있는 진리를 말하기 때문에 니체는 위험한 사상가로 분류될 수밖에 없다.

 요즈음 사회의 가장 큰 화두가 정직이다. '정직'을 떠올리면 2016년 몇 번이나 보았던 영화 한 편이 생각난다. 톰 매카시 감독의 '스포트라이트'라는 영화이다. 2015년 개봉한 미국의 드라마 영화로 가톨릭 사제에 의한 아동 성추행을 보도한 '보스턴 글로브'의 기자들의 이야기를 다룬 실화에 기반을 둔 영화로 실제로 이 기사를 보도한 스포트라이트 팀은 퓰리처상을 수상하였고 영화는 88회 아카데미 최우수 작품상, 각본상 등을 수상한 영화이다. 대략의 줄거리는 2001년 미국의 3대 일간지 중 하나인 '보스턴 글로브'에 새롭게 부임한 편집장 마티는 부임 첫날 회의에서 아동 성추행 사건에 연루된 가톨릭 사제의 이야기를 꺼낸다.

게오건이라는 신부가 몇 년간 지속적으로 교구를 옮겨 다니며 수십 명의 아동을 성추행하였고, 로우 추기경은 이를 알고도 덮어준다는 내용의 문건이 존재한다는 변호사 미첼 개러비디언의 주장이 그 내용이었다. 하지만 구독자 중 가톨릭 신자의 비율이 높은 보스턴 지역의 특성상 기자들은 가톨릭 성당에 문제를 제기하는 것 자체를 꺼리며 크게 동조하지 않는다. 하지만 마티는 그 봉인된 문건을 열람할 수 있게 청원을 넣겠다며 이를 강행하고 4인으로 구성된 탐사 보도팀인 스포트라이트 팀에게 이 문제를 다뤄 줄 것을 요청한다.

팀원들이 관련된 여러 상황을 조사해 나가며 사실을 감추고 덮으려는 가톨릭 성당 상부 조직과 중요 인사들의 거짓과 관련자들의 은근한 압력에도 굴하지 않고 결국 각고의 노력 끝에 성공적으로 첫 기사를 발행하면서 2002년도에만 600건의 기사를 통하여 보스턴 대교구와 가톨릭 성당을 맹폭하기 시작하는 것으로 영화는 끝난다. 마지막 자막에는 보스턴 사건과 유사한 아동 성폭행과 비슷한 사례가 있던 지역을 보여주는데 유럽, 아프리카, 아시아 등 한 도시 한 나라의 문제가 아님을 환기시킨다. 또한 그 문건과 관련된 추기경이 나중에는 다시금 가장 큰 성당에 배치된다는 사실을 자막에 올리며 니체가 말하는 '신의 죽음'을 증명이라도 해주는 영화라는 느낌을 받게 되었다.

그러나 이 영화에 대한 가톨릭교회의 반응은 호평이었다. 그리고 바티칸에서도 호평이었다. 이 영화는 반가톨릭적인 작품이 아니며, 끔찍한 현실을 마주한 신앙인들의 충격과 고통을 잘 대변하고 이 사건으로 믿고 따르던 신부들에게 뒤통수를 맞고 신앙에 회의를 가진 일반 평신도들 심정 역시 비종교인들과 다를 바 없었다는 것, 자신들의 치부를 다루면 왜곡이라고 화내는 여러 집단과는 대조적으로 용기 있는 정직한 태도를 보인 점은 니체가 말하는 '신의 죽음'을 새로운 관점의 눈으로 세세히 살펴볼 필요를 만들어 준다.

니체가 말한 '신의 죽음'에 대한 글귀들을 살펴본다.
니체에게 가장 악한은 사제이다. 사제는 신자들의 몸에 기생하는 회충 외에 다름 아니다. 그들은 정교한 신의 존재를 증명하는 논리를 만드는 인간들이며 신 그 자체이다. 신의 은총을 받기 위해선 신에게 정확하게는 '그들'에게 복종해야 한다. 왜? 그들이 신의 창조자이므로, 곧 그들이 신 위에 군림하는 자들이므로.

진정한 기독교인은 단 한 명에 불과하다. 그는 예수이다. 예수를 제외한 모든 것은 가짜이다. 그를 추종함도 가짜이다. 예수는 예수 그 자체로서만 정당화될 뿐이다. 이제 기독교를 추종함으로 누구도 예수는 될 수 없다. 이미 예수가 그 영역을 차지했기 때문이다. 예수의 영역은 그 자체로 존중돼야 한다.

우리가 찾아야 하는 것은 우리의 영역이다. 그 영역은 우리가 발굴해야 한다. 기독교에서 던져준 영역은 거짓이며 그것은 노예의 영역에 불과하다. 모두 개개인의 율법의 창시자로 거듭나야 한다. 모두가 각자 영역을 발굴해야 한다. 자신의 영역을 발굴할 수 있는 사람은 자신일 뿐이다.

전복의 철학자인 니체에 대한 평가는 생전에는 학계로부터 철저히 무시당하였고 종교계와 도덕주의자들로부터 혹독한 비판을 받았으며 사회를 타락시킨다는 악의성 비방과 음해에 시달렸으나, 사후 유럽의 철학과 문학에 지대한 영향을 미쳤으며 현재 19세기 최고의 철학자 가운데 한 명으로 간주한다. 그의 사상은 전복적 성향으로 인해 자주 오해되고 비판받았다. 이런 니체의 성향은 온갖 권위에 불복했던 쇼펜하우어의 영향으로 형성된 듯하다. 그에 대한 평은 극으로 갈릴 때가 많다. 종교인들에게는 혹평으로, 포스트모던 철학자들에게서는 호평으로 나타나는 편이다. 확실한 것은 그가 현대 철학사(특히 포스트모더니즘)에 끼친 영향은 절대적으로 평가되며 프로이트나 마르크스 등과 함께 근대철학을 전복시킨 사상가 중 한 명이다. 니체는 가끔 나치즘과 반유대주의, 인종주의의 시초라고 불린다. 그러나 나치 정권과 니체의 여동생이 공동으로 니체의 사상을 왜곡한 결과 확산한 인식에 불과하다. 여동생 엘리자베스가 니체의 저서를 왜곡해서 나치 정권에 유리하게 아부한 것이다. 이러한 니체의 이미지와는 별개로 실제 니체는 개인주의자이며 반 국가주의자이다. 실존주의 철학자 하이데거가 1961년 『니체』를 출간한 이후 달리 평가되어 오늘날 니체에 대한 이상한 오해는 거의 해결되었다. 실제 니체는 자국인 독일을 매우 싫어했고 민족주의 또한 매우 혐오했다.
- 『차라투스트라는 이렇게 말했다.』

미학적 현현으로서의 영원회기. '영원회기'라는 생각은 차라투스트라의 기본 생각이고 니체의 가장 깊숙한 곳에 있는 생각이다. '목표 없는 시간'이라는 순간 속에서 인간은 자기 삶의 본래의 임무를 경험한다. 영원한 회기의 신적인 순간은 미학적, 즉 비극적-디오니소스적 상태의 순간이다. 이 상태는 현존재에 대한 긍정(아모르 파티)이 이루어지는 최상의 상태이고, 그 상태 속에서 허무주의, 인간과 모든 현존재의 과잉이 극복된다. 비극적-디오니소스적 상태는 가장 작고 보잘것없는 것의 회기일지라도 영원회기에 대한 생각이 받아들여지는 상태이다. 최상의 세계 완성의 순간, 니체가 에머슨의 말을 빌려서 말하는 것처럼, 세상이 완벽하게 되는 '갑작스러운 영원'의 신적 순간, 웃는 신 디오니소스가 춤을 추면서 우리 몸을 관통해 지나가는 디오니소스적 순간은 세상을 미학적 현상으로 영원히 정당화하는 순간이다. 이런 경험 '완벽한 정오'의 가장 고요한 시간에 일어나는 밝은 대낮의 '신비스러운 직관'으로 니체는 차라투스트라의 기본 생각이기도 한 자신의 철학 하기의 원래 목적과 경험을 말한다.

미속에서 모순들은 억제된다. 그것은 서로 모순되는 것을 지배하는 힘의 최고 표식이다. 갑작스러운 영원회기의 순간인 미의 디오니소스적 순간 속에서 지나간 것과 미래의 것의 충동과 공존의 경험이 현재의 순간에서 이루어진다. 영원이 시간이 되고 시간이 영원이 된다. 이 순간에 시간은 갑작스러운 영원의 정오-순간으로 지양된다. 차라투스트라는 초인의 지위에서부터 회기를 가르친다. 초인은 세상의 심연을 보고 견디어 낸 순간에 자신을 넘어서고 비극적-디오니소스적 상태에서 자아를 잊어버리는 초개인적이고 창조적인 인간이다. 초인은 '영원한 샘물' 속으로 떨어지는 순간의 번갯불을 던지는 사람이다. 초인은 그림자가 가장 짧아지는 순간에 영원 회기의 '정오의 심연' 속으로 떨어지는 번갯불이다. 영원 회기의 순간은 아폴로적 디오니소스, 즉 비도덕적인 예술가 신 디오니소스 자그레스가 미학적으로 현현하는 순간이다. 니체의 예술가 복음을 따르자면 종교가 아니라, 예술이 삶의 '형이상학적 활동'이다, 가장 '커다란 삶의 자극'이 영원 회기 철학의 기관이다. 니체의 영원 회기의 기본 이론은 예술의 형이상학이고, 반그리스도적 예술-종교이고 '예술가-형이상학'이다.

니체가 개념화한 '신의 죽음' '권력에의 의지' '초인' 영원회기'등의 사상은 전부 니체의 관점에서 보면 한가지로 삶의 문제로 집중되고 있다. 삶을 이해하기 위해서, 삶을 성찰하기 위해서, 바람직한 삶이 무엇인가를 일기 위해서 니체의 사상을 곁에 두고 싶다. 철학자 이진우는 "니체의 철학이 정말 어려울지 모르지만 우리에게 궁극적으로 요구하는 것은 삶을 가볍게 만들라는 것입니다. 삶을 있는 그대로 인정하고 삶을 받아들여야 합니다. 그러기 위해서는 춤을 추듯이 살아야 한다."고 말하고 있다.
- 『니체의 인생 강의』에서

니체 공부를 하면서 나에게 눈이 관점주의로 조금씩 돌려지면서 살아가는 삶이 편안해짐이 느껴진다. 바쁜 일과 속에서 자주 결석도 하였지만 함께 공부하는 도반들이 발췌하여 발표하는 내용을 들으면서 많은 도움을 받았다. 니체는 가까이할수록 더욱 난해함을 보여준다. 어떻게 읽고 내 삶에 반듯한 주춧돌로 괴어야 하는 방법을 찾지 못하여 장님이 코끼리 만지듯 하고 있다. 올곧게 읽어 내려가는 관점을 찾을 때까지 머리 더듬이를 흔드는 수고를 아끼지 않으려 한다. 또한 공유하며 공존해가는, 함께 하는 공부에 더욱더 노력을 기울이고 싶다.

최의용 ____
살아온 삶을,
살아갈 삶을 사랑하고자 니체를 더듬는다.

## 솥뚜껑

**초판인쇄** 2025년 8월 15일
**초판발행** 2025년 8월 15일

**지은이** 최의용
**펴낸이** 이해경
**펴낸곳** (주)문화앤피플뉴스
**등록번호** 제2024-000036호
**주소** 서울 중구 충무로2길 16, 4층 403호 (충무로4가, 동영빌딩)
**대표전화** 02)3295-3335
**팩스** 02)3295-3336
**이메일** cnpnews@naver.com
**홈페이지** cnpnews.co.kr

정가 13,000원
ISBN 979-11-94950-04-2 (03810)

※ 이책은 전부 또는 일부 내용을 재사용하려면 반드시 저작권자와 도서출판
  문화앤피플의 동의를 받아야 합니다.
※ 이 도서의 국립중앙도서관 출판시도서목록(CIP)은 서지정보유통지원시스템
  홈페이지(http://seoji.go.kr)와 국가자료공동목록시스템(http://www.go.kr/kolisnet)
  에서 이용하실 수 있습니다.
※ 이 책은 교보문고와 연계하여 전자책으로도 발간되었습니다.
※ 이 책은 국립중앙도서관 홈페이지에서 검색 가능합니다.
  잘못 만들어진 책은 바꿔드립니다.